人文社科
高校学术研究论著丛刊

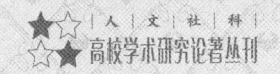

信息化时代 我国高校混合式教学 实践与创新路径研究

刘巧梅 著

中国书籍出版社
China Book Press

图书在版编目(CIP)数据

信息化时代我国高校混合式教学实践与创新路径研究/刘巧梅著.－－北京：中国书籍出版社，2023.5

ISBN 978-7-5068-9422-7

Ⅰ.①信… Ⅱ.①刘… Ⅲ.①高等学校－教学研究 Ⅳ.①G642.0

中国国家版本馆CIP数据核字（2023）第097062号

信息化时代我国高校混合式教学实践与创新路径研究

刘巧梅　著

丛书策划	谭　鹏　武　斌
责任编辑	李　新
责任印制	孙马飞　马　芝
封面设计	东方美迪
出版发行	中国书籍出版社
地　　址	北京市丰台区三路居路97号(邮编：100073)
电　　话	（010）52257143（总编室）　（010）52257140（发行部）
电子邮箱	eo@chinabp.com.cn
经　　销	全国新华书店
印　　厂	三河市德贤弘印务有限公司
开　　本	710毫米×1000毫米　1/16
字　　数	218千字
印　　张	13.75
版　　次	2023年8月第1版
印　　次	2023年8月第1次印刷
书　　号	ISBN 978-7-5068-9422-7
定　　价	82.00元

版权所有　翻印必究

目 录

第一章　混合式教学的时代背景研究　　　　　　　　　　1

　　第一节　信息技术的内涵及特征　　　　　　　　　　2
　　第二节　信息技术影响下的教育　　　　　　　　　　4
　　第三节　教育信息化与高等教育的发展　　　　　　　8

第二章　混合式教学概述　　　　　　　　　　　　　　　19

　　第一节　混合式教学的内涵与特征　　　　　　　　　20
　　第二节　混合式教学的优势与要素　　　　　　　　　22
　　第三节　混合式教学的理论基础　　　　　　　　　　27

第三章　我国当前高校混合式教学的现状研究　　　　　　39

　　第一节　教师混合式教学能力现状　　　　　　　　　40
　　第二节　学生混合式学习现状　　　　　　　　　　　45
　　第三节　混合式教学资源开发现状　　　　　　　　　50
　　第四节　混合式教学在线评价现状　　　　　　　　　55

第四章　我国高校当前混合式教学模式革新研究　　　　　59

　　第一节　与慕课结合的混合式教学模式　　　　　　　60

第二节　与微课结合的混合式教学模式　75
第三节　与翻转课堂结合的混合式教学模式　88
第四节　与ADDIE模型相结合的混合式教学模式　98
第五节　与深度学习结合的混合式教学模式　103

第五章　我国高校混合式教学推进的有效策略　117

第一节　转变课堂形态　118
第二节　构建智慧课堂　120
第三节　有效应用数字资源　126
第四节　革新学生学习方式　129

第六章　高校混合式教学教师发展研究　143

第一节　高校混合式教学教师角色的新定位　144
第二节　高校混合式教学教师专业素养新构成　147
第三节　高校混合式教学教师专业发展新培育模式　153

第七章　高校混合式教学质量评价体系的建构　171

第一节　国内外混合式教学有效性评价研究　172
第二节　混合式教学有效性评价的指标构建　173
第三节　混合式教学有效性评价过程与策略分析　182

参考文献　204

第一章 混合式教学的时代背景研究

进入21世纪,信息技术迅猛发展,这为高等教育提供了机会和条件,也预示着教育的理念、内容、目的等也会发生变革。教育信息化指的是计算机技术、网络技术等在教育领域的应用,以便于构建一个基于信息技术的新型教育体系。就本质而言,教育信息化是教育领域运用信息技术来促进教育改革的过程。当然,高等教育也必须适应这一发展趋势,通过信息技术来改进教育质量和效果,这样才能构建真正的信息化教学。基于此,本章作为开篇,对混合式教学的时代背景——教育信息化的相关知识展开分析和研究。

第一节　信息技术的内涵及特征

一、信息技术的内涵

当今社会已进入信息化高速发展的社会，信息和知识已成为推动社会发展的两大动力，现代信息技术已经渗透到人们生活的方方面面。

第一，信息技术可以被定义为信息与通信技术（Information and Communications Technology，ICT），其主要是运用计算机对信息系统与应用软件进行开发与设计，包含计算机技术、传感技术等。

第二，信息技术可以被定义为3C技术，即计算机技术（Computer）、控制技术（Control）、通信技术（Communication）三者的集合。

第三，信息技术又可以称为C&C（Computer and Communication）技术，指的是运用计算机获取、传递、分配、处理信息的技术。

第四，信息技术指的是应用管理技术，并在科学、技术等层面对信息加以控制与处理，实现人机互动。

通过对上述信息技术进行分析不难发现，信息技术的核心在于计算机技术，并且在其他技术的共同作用下实现信息的获取与传递、转换与交流、检索与存储等。

二、信息技术的特征

随着网络技术不断发展，以计算机作为核心的通信技术逐渐应用在社会生活的各个领域。这一技术之所以不断发展并趋向成熟，是因为信息社会在不断深化，也与行业间的融合相符。现代通信技术容量大，采用数字化模式，并且与网络技术、计算机技术融合。

第一章　混合式教学的时代背景研究

进入21世纪，通信技术必然向宽带化、智能化方向转化。整体来说，信息技术的本质特征主要表现为如下几个层面：

（一）智商的结晶体

信息技术基于大量的知识背景，通过高新技术研究，将知识与智力加以呈现。信息技术的物化状态就是信息产品，很多的高精尖人才对信息产品进行研发，在研发的过程中，这些人形成合作或竞争的关系。通过努力，这些人的研究成果逐渐深化，信息技术也不断向前推进，新的技术也在不断涌现，并且周期在逐步缩短。

当前，科技领域的各个层面都与信息技术有着密切的关系，如航空航天、生命科学、自动化技术等。其他科学研究也需要借助信息技术来推动自己的进步。也就是说，信息技术在整个社会的覆盖面越来越大。

可见，信息技术已经成为当前科技发展的核心部分，其不仅是先进生产力的代表，还从一定程度上对劳动生产率起着决定性作用。除了高精尖人员对信息技术进行研发外，其他领域的研究也为信息技术的发展提供了方式与路径。

（二）短周期效应

一般情况下，信息技术的周期效应是非常短暂的。具体来说，信息技术的发展水平越高，更新的周期越短。在信息产品开发的初期，科技人员通过信息技术与网络，获取自己需要的信息，在融入创造力的同时，加快产品开发的速度，在信息产品批量生产的阶段，信息技术同样为人们提供了信息化的手段，使产品形成的时间逐渐缩短。

比较来说，之前的信息产品具有较长的生命周期，因此其使用的年份也比较长，有些甚至可以使用十几年或者几十年。但是现如今，由于信息产品的生命周期缩短，很多产品可能只能使用几年甚至几个月。显然，信息技术更新换代的周期在不断发生改变，也是因为市场上产品的竞争力不断加大。

（三）高投入

随着信息技术的不断发展，通信技术、计算机技术的结合为社会带来了一种新的革命。信息技术的主要内容在于信息的采集与处理、传递与复制、维护与存储等，其是集合了通信技术、计算机技术等为一体的技术。对于这一技术的研发，每一个环节都不能马虎，都需要较高的投入。

（四）高风险

正是因为信息技术的高投入，导致信息技术也具有高风险，这可以从如下两点体现出来：

第一，信息技术的研究具有明显的不确定性。例如，某企业为了建立自身的信息管理系统，需要投入大量的资金，同时，还需要考虑企业的岗位情况，这样才能制作出与公司相契合的管理软件。但是，企业本身具有动态性特征，这就导致信息数据是非常不稳定的，这些不利层面可能会导致信息系统崩溃和受损。

第二，信息技术从设计、开发到研发成功的概率一般都比较低。从综合层面来说，信息技术领域新产品研发的概率只有3%。换句话说，如果研发不成功，那么就意味着之前的投入完全浪费了。

第二节　信息技术影响下的教育

一、信息技术教育的时代意义

21世纪以来，随着科技的发展，我国的信息技术教育一直以来都在加快谋划、不断探索、扎实推进。[1]信息技术教育的发展意味着我国教育生态系统的重塑，最终目的是让我国实现教育的现代化。我们要树立全新的发展理念，[2]还要探索全新的发展模式[3]。高校教师实施信息技术教育需要学生理解掌握基本知识的同时进行实践操作，亲身参与。新冠肺炎疫情的到来让各高校均进行远程教育以响应"停课不停学"的政策号召，但是由于高校远程教育系统准备不足、优化不充分，在实施线上教学过程中暴露出诸多问题。为改善类似情况，并响应《教育信息化"十四五"规划》等国家政策，各地政府及高校加速推进信息化教学的发展。

在现如今的后疫情时代，口罩、网课、返校、期盼，成为当下大学生最常提起的词语，为此全国各高校落实政策，推动教育改革。中共中央办公厅指出：到2035年，多样化、现代化、高质量的学校教育体系基本形成。[4]响应此政策号召，提高我国教师的信息技术教育教学能力，切实保障不论在何种情况下都可以做到根据学生和教材特点，有计划、有准备地进行教育是关键。

二、信息技术教育的理论基础

（一）认知主义学习理论

以美籍德国心理学家苛勒、美国教育心理学家及认知心理学家布鲁纳、

---

[1] 陈琳，许林. 新时代教育信息化2.0发展策略研究[J]. 中国电化教育，2021（1）：96-101+127.

[2] 任友群. 走进新时代的中国教育信息化——《教育信息化2.0行动计划》解读之一[J]. 电化教育研究，2018，39（6）：27-28+60.

[3] 赵岩. 高校体育教学中学生身体素质提升与科学锻炼策略[J]. 食品研究与开发，2021，42（23）：240.

[4] 中共中央办公厅、国务院办公厅《关于全面加强和改进新时代学校体育工作的意见》[EB/OL]. http://www.gov.cn/zhengce/2020-10/15/content_5551609.htm.

美国认知教育心理学家奥苏贝尔为代表的认知主义学习理论强调学生学习的积极性、主动性、认知结构的重要性，认为学习应该是主动地内化，然后形成自己的思维认知结构。这是在合理的问题情境下，学生通过先行组织者自主探究事物之间的稳定关联，运用科学思维，积极主动地寻求问题答案，最终将新观念融入自己原本的认知体系，形成新的知识储存在大脑中的学习过程。如果学生是被动地获取知识或者是获取到的知识无法和自己原认知体系相互关联，都不能算作学习。

认知主义学习理论提倡，教师要循序渐进地引导学生通过已有的知识去主动探索、巩固和发现新知识。所以，教师在备课阶段要对教学内容与学生的现实状况加以综合考虑，选择适合的教学方法与策略，精心设计新授知识的切入点与呈现形式，充分利用信息技术，积极引导学生开展探究活动，打造一个教学内容、教学方法与信息技术完美结合的高效课堂。

（二）建构主义学习理论

建构主义学习理论是行为主义发展到认知主义以后的进一步发展。建构主义学习理论是认知学习理论的一个重要分支。建构主义从学习者出发，注重研究学习者如何将外部客观知识转化为内在的认知结构。其基本理论取向是：学习是积极主动的意义建构和社会互动过程，教学不是把知识经验从外部装到学生的头脑中，而是要引导学生从原有的经验出发，生长建构出新的经验。简言之，学习者应根据自己原有的知识、经验、兴趣、需要等因素积极主动地去发现问题，建构专属的知识网络，成为学习的主人。建构主义的四个构成要素是：情境、协作、会话和意义建构。情境指的是学习环境中的情境必须有利于学生对所学内容的意义建构。协作指的是发生在学习过程中的师生或生生协作，学习资料、学习进程、意义建构。会话指的是协作过程中不可缺少的环节，协作学习的过程就是会话的过程。意义建构指的是整个学习过程的最终目标，是通过学习活动了解事物的性质、规律以及事物之间的内在联系。

建构主义学习理论告诉我们：在课堂教学中提供适当的信息资源，不仅能为学生创设具体的学习情境，而且可以调动学生学习的动机与热情，促进不同层次学生协作与交流，最终实现知识的意义建构。"网络资源""教育信息化""信息技术与教学融合"等在逐步盛行的过程中，建构主义也越来越多地被广泛应用于教学实践中，成为教学研究的重要依据和指导思想。

（三）视听教学理论

视听教学理论，通过研究人体感官（视觉与听觉）的功能及特征来提升教学过程信息的传递效果，分析各类视听媒体在教育活动过程中的地位和作用，为多媒体信息技术的设计与选择提供参考。其中以美国视听教育家戴尔（Edgar Dale）的"经验之塔"为代表理论。

"经验之塔"理论的基本观点：

（1）按具体和抽象划分学习经验，并提出学习应从直观→抽象、由简单→复杂发展。塔底是"做的经验"，塔尖是"抽象的经验"，"观察的经验"居中，越往上走，越抽象复杂、不易理解。由此，教学应始终符合学习者的认知水平。

（2）虽然各类经验的抽象程度与学习难易程度无关，但各个经验之间相互联系、彼此渗透。所以，教师在教学过程中应注重使用多样化的教学方法。

（3）"塔"中视听教学媒体所提供"观察的经验"，包括照片、幻灯片、广播录音、影视等多媒介教学手段。倘若教师在课堂教学中能灵活运用这些视听教学媒体，便可以打破时空的限制，弥补学生知识经验的不足，使教学直观化。

对于信息化多媒体的应用领域、技术创新与普及推广等问题，俨然已成为如今教育技术所面临的最大挑战，而"经验之塔"则为我们提供了意义重大的理论指导。

（四）"STSE"教育理论

STSE即Science、Technology、Society & Environment（科学、技术、社会与环境），重视科学知识和思想在技术上的应用与革新、社会生产力的变更，人类生活环境和社会发展中的作用，注重知识的实际应用，发展学生逻辑思维能力与探究能力，是实施教育的新理念、新思想。

STSE教育从多方面多角度地引导学生，具有多元性、发展性、互动性、开放性和综合性等特点，有利于学生各方面的平衡发展。STSE 教育理念强调教学要以学生为中心，基于学生的生活经验和观察到的现象，通过创建合理的学习情境，使学生在生活化的情境中构建知识框架，赋予知识以生命力。将 STSE 教育理念潜移默化地植入学生内心，体验教育内容从生活中来到生活中去的特点，更加主动地参与到学科学习和社会实践中来，进而逐渐提高他们化解实际冲突的本领。由此可见，利用科学技术优化课堂教学、落实学生核心素养，STSE 教育理念应该被予以高度重视。

第三节　教育信息化与高等教育的发展

一、教育信息化背景下高等教育的转型

（一）教育信息化是推进实现高等教育现代化的关键所在

当前我国正处于教育现代化建设的关键时期，要准确把握新时期的新任务，用现代化的教育来支持国家的现代化。中共中央、国务院印发的《中国教育现代化2035》中提出，"加快信息化时代教育变革。利用现代技术加快推动人才培养模式改革，实现规模化教育与个性化培养的有机结合"[①]。信

---

① 中共中央、国务院印发《中国教育现代化 2035》[EB/OL]．http：//www.moe.gov.cn/jyb_xwfb/s6052/moe_838/201902/t20190223_370857.html

第一章　混合式教学的时代背景研究

技术的迅猛发展，使人们的生活发生了空前的变化，教育领域相应地受到了信息技术的影响，高校培养模式、教育目标等也随之相应改变，教师作为培养人才过程中的重要参与者，其教学形式是否信息化直接关系能否培养出符合时代发展的人才。

2018年，教育部颁布《教育信息化2.0行动计划》（以下简称《行动计划》），《行动计划》明确提出教育信息化具体目标，推进新技术与教育教学的深度融合，不仅局限于在教育领域中常态化应用教育信息化资源，更要实现全方位创新，实现由融合应用阶段转向创新发展阶段。[1]可见，教育与信息技术的深度融合是实现教育信息化的有效途径，信息化是现代化的重要组成部分，教育信息化是教育现代化的重要内容与突出特点。

2019年，教育部在《加快推进教育现代化实施方案（2018—2022年）》中提到，"教师队伍建设、教育信息化是推进教育现代化的有力支撑"[2]。在此新形势下，高等院校作为教育体系性中的重要组成部分，在实现教育信息化的过程中肩负着重要的责任。教师的教学活动是实现教育信息化的重要阵地，加强教学资源和实践教学的一体化发展，合理有效地利用教育信息化资源，对于实现高等教育信息化具有重要意义。因此，提高高校教师利用教育信息化资源的有效性对于高校真正实现教育信息化意义重大。

（二）实施信息化教育是提高教师信息化素养的重要途径

习近平总书记发表"2021年教师节重要寄语"中明确提出了新时代教师队伍高质量建设的具体方向，对教师能力发展和素养水平提出了新的更高要求。教师作为培养人才的中坚力量，面对信息化时代的冲击，要以一种积极的心态迎接现代化的教学方式，以学生为本，成为知识的先导，推进人才培

---

[1] 教育部关于印发《教育信息化2.0行动计划》的通知［EB/OL］. http://www.jyb.cn/zcg/xwy/wzxw/201804/t20180425_1054161.html

[2] 新时代加快推进教育现代化建设教育强国的宏伟蓝图——教育部负责人就《中国教育现代化2035》和《加快推进教育现代化实施方案（2018－2022年）》答记者问［EB/OL］. http://www.gov.cn/zhengce/2019-02/23/content_5367993.htm

养方式的改革，更好地适应学生的综合素质需求。信息化教学实际上更多体现于教师的实践教学，将信息技术运用于教学中的每一个环节，进一步推动现代教育技术在教学中的应用，推进教师教育观念、教学方式、课堂教学等改革，从而不断提高教师信息化素养。

2021年7月中旬，教育部等十部门联合印发《5G应用"扬帆"行动计划（2021年—2023年）》明确提出了智慧教育的发展方向，在该形势下，需要教育者抓住信息技术发展的机遇，将教育信息化资源与教学有效融合，合理高效运用教育信息化资源，从而提高自身信息化教学素养。[①]东北师范大学教授钟绍春认为，当前利用教育信息化资源开展教学已经成为学校教学新常态，提出广大教育者仍要意识到教育信息化的过程是在教育教学不断实践应用的过程。教师在教学中对于信息化资源的利用是信息化教学最为显性的表现，因此相关部门应重视教师利用教育信息化资源的过程中面对的问题和挑战，在一定程度上才能真正实现信息化技术与教育教学的统一，从而提升教师信息化素养。

（三）有效利用教育信息化资源提高教师教学质量

目前，我国高校的教育需求正逐步向多元化发展，在该趋势下，要求高校教师在教学中展现多元化与多层次，教育信息化资源的利用则显得尤为关键。近年来，随着国家大力推动教育信息化，我国教育信息化建设已具有显著成效。

2021年，国家互联网信息办公室发布《数字中国发展报告（2020年）》（以下简称《报告》），《报告》中提到教育资源开放共享程度不断深化，数字校园建设全面普及，进一步夯实信息化教学基础条件。[②]

2020年全国教育经费总投入为53014亿元，比上年增长5.65%，随着教

---

① 十部门关于印发《5G应用"扬帆"行动计划（2021—2023年）》的通知［EB/OL］. http://www.gov.cn/zhengce/zhengceku/2021-07/13/content_5624610.htm.htm

② 国家互联网信息办公室. 国家互联网信息办公室发布《数字中国发展报告（2020年）》［EB/OL］. http://www.cac.gov.cn/2021-04/29/c_1621275347055808.htm

育信息化 2.0 的建设推进，对于教育信息化资源建设经费投入还将持续增长。建设教育信息化资源的目的就是为了将此应用于教学，实现教育信息化。但是，我国教育领域信息化资源建设中普遍存在"重建轻用"的现状。教育部在印发的《教育信息化2.0行动计划》中明确提出，"教师信息技术应用能力基本具备但信息化教学创新能力尚显不足，信息技术与学科教学深度融合不够"。高校作为先进教育信息化资源与先进信息化技术人才的聚集地，在实现教育信息化的过程中具有先导作用。《中共中央国务院关于全面深化新时代教师队伍建设改革的意见》中指出，"教师应主动适应信息化，适应新技术所带来的变革，积极有效开展教育教学"[①]。高校教师信息化教学是推动教育体系重新建构的重要途径，高校教师利用教育信息化资源是适应信息化的重大表现，如何有效地使用信息化教学资源，是衡量教师信息化教学水平和教学质量的关键，它决定了教师信息化教学资源的有效使用，将教育信息化资源与学科教学进行有效结合，从而提升教师信息化教学水平和教学质量。因此，立足于"十四五"新的历史起点，在重视信息化教学资源的规模建设的同时，更多的应关注教师教育信息化资源的过程中是否存在问题，教育信息化资源是否得以有效应用，提高高校教师利用教育信息化资源的能力，以保障教师信息化水平和教育质量处于较高水平。

二、教育信息化对高等教育的深刻影响

教育信息化在高等教育中有着非常显著的影响，并且在高等教育中得到了广泛的应用。在高等教育中，有三个基本的要素，即教师、学生、教学设施。随着信息技术的融入，这三个要素都会相应地发生改变，不仅改变了教师的教学作用，也改变了学生的学习能力，同时还影响着教育设施的工作性

---

① 中共中央、国务院印发《关于全面深化新时代教师队伍建设改革的意见》[EB/OL].
　http://www.gov.cn/zhengce/2018-01-31/content_5262659.htm

能。教育信息化对高等教育的改变主要有如下几点表现：

（一）教育思想和教育观念：凸显能力培养

传统的高等教育主要强调知识的讲授，无论在课程设置还是在教学内容组织、教学方法运用等层面，都是为传授知识服务的。在信息技术背景下，要求高校学生不仅要掌握基本的知识，还需要掌握获取知识的能力，因此需要对教育思想与观念加以变革，这样才能将高等教育从知识的传授层面转向对能力的培养层面。

（二）教育目的：走向大众教育

信息技术的进步使得高等教育逐渐走向社会，并且取向平等，其各个层面与人们的生活相融合。人们可以对学校、教师、课程等进行自由选择，将办学的开放性充分展现出来。随着信息技术的运用，高等教育的组织形式变得更为方便、灵活，教学计划也更为针对与柔性。在当今信息化社会背景下，知识更新速度加快，人与人之间的竞争更为明显，这就使得人们对学习更加重视，愿意接受高等教育甚至终身教育，使学生的学习更接近终身化。

（三）教学内容与方式：走向前沿与互动

在教学内容层面，教师运用信息技术的网络搜索功能，对学科前沿的知识、最新的成果进行查询，从而将这些内容运用到高等教育教学中。在高等教育教学方法上，通过信息技术对传统的高等教育教学方式加以改变，创设良好的教学情境，将教学内容更便捷地表达出来，凸显了互动性，也便于对学生综合能力的培养。

（四）师生关系：转向主动合作

传统的高等教育教学模式主要是以教授为主，是一种单向的模式。信技术使得高校教师的角色发生改变，从知识的传递者转向学生学习的引导者、协调者，学生可以运用信息技术，对学科前沿的知识进行学习与接收，使自己从被动的学习者转向主动的学习者，即学习的主人。显然，师生角色在信息技术背景下都发生了改变，彼此成了合作者与交流者。

（五）教育评价制度：变得更为透明开放

信息技术使得学校的办学行为更为开放、透明，社会机构也对学校更加关注，教育评价的主体从政府逐渐转向社会，这都有助于信息技术教育的进步与发展。教育评价的内容也会发生改变，其中对于学生的评价从以往对知识的过分重视转向对能力的要求，从过去的单纯考试转向考试与实践相结合的方式，这些变化都是因为信息技术教育的影响。

三、教育信息化背景下高等教育的目标

（一）激发学生的问题意识

人从出生就具有了求知欲和好奇心，这是人能够自由、理性的基础，表现在学习态度与兴趣上，就是人能够积极地去探索与解决问题，不断创新、不断超越。学生学会学习的一条最佳路径就是逐渐学会启发式的学习，即教师引导学生发现问题，并让学生找到合适的方式解决问题，师生之间围绕问题展开自主学习与探究学习，使学习活动向思维活动转变，这样才能让学生具备多元思维。

在信息技术教育背景下的高等教育中，要强调问题引领的作用，即教师不仅要以问题作为起点，以问题解决作为主要的活动过程，从而将学生对问题的敏感性激发出来。同时，还要求教师主要探讨那些与现实联系紧密的问题，对这一领域的学术前沿问题进行跟踪和了解，将学生潜在的能力挖掘出来，培养学生的研究精神与素质，形成面对困难的积极潜质与解决问题的能

力，并塑造自己的人格与工作特质。此外，还要求教师为学生创设自由的学习氛围，师生之间围绕提出的问题，通过交流与对话形式解决问题，并进行分析与评价，帮助学生形成问题意识与问题解决能力，以及判断真假、独立思考的能力等。

（二）转变学生学习的方式

学习方式是学生在展开学习任务时自主、探究的基本认知取向与行为特征，主要包含发现学习、接受学习、合作学习等。在新时代背景下，高校教师选择的教学方法一般是多种多样的，具有针对性与灵活性，这就推动了学生学习方式的转变，要求教学应该从学生的学习能力出发，符合学生的学习要求，培养出符合社会发展需要的应用型人才。具体来说，主要可以从如下四点考虑：

第一，倡导自主探究式学习，让学生自定节奏。具体来说，就是学生在学习中要发挥自身的主观能动性，大胆接受挑战，挑战传统的识记性学习方式，让自己真正地学会学习，成为学习活动的主人，灵活地转换学习方式，在创造与研究中学习。

第二，推动学生走向团队合作式学习。单打独斗的学习显然效果差，学生只有学会与其他同学合作、与教师合作，才能真正地弄懂知识，掌握技能。

第三，实施应用情境式教学，即关注学生在特定情境中的认知体验，通过新兴技术为学生创设真实的场景，让学生主动参与其中，增强他们的认知能力。

第四，关注学生的在线学习与移动学习。由于网络技术的发展，学生的学习资源越来越丰富，这就给学生提供了学习的便利，他们可以打破时空的限制，获得教师或者其他同学甚至一些专家学者的帮助，从而在课外不断提升自身的语言能力。

（三）促进学生的深度学习

所谓深度学习，即学生在理解的基础上，能够批判性地学习新知识，并将这些知识融入他们原有的知识结构中，建构这些新旧知识的联系，能够将已有的知识迁移到新的情境中，独立地对问题进行解决。采用深度学习策略的学生更善于整合知识、迁移知识，取得好的成绩。

当前，高校应该努力为学生创设深度学习情境下的课堂环境，让课堂不仅成为学生知识深度加工的重要场所，还要把原来教师单向传授的教学过程转变为师生互动的过程，创设真实的、批判性的课堂环境，围绕问题的解决探究深度学习的情境机制，让学生逐渐实现知识的吸收与内化，从而有效培养他们的理性思维与创新思维。

（四）强调学生学习的责任

当前，要想培养出具备应用型能力的人才，就要求学生在具体的实践中发挥自身的主体作用。也就是说，学生能够主动为自己的学习行为承担责任，让学生逐渐成为学习的主人，成为教学活动中主动的、自觉的参与者，也成为知识主动的发现者与探索者，推动着教学从"教"逐渐转向"学"，课堂上不再仅仅强调以教师的教授为主，还强调以学生的学习为主，实现师生之间的协同教与学。

也就是说，在信息技术教育背景下的高等教育中，不仅要将学生的积极性与主动性激发出来，还需要引导学生将精力、时间等投入学习中，帮助学生减少学习的盲目性与随意性，逐渐建构自主式、探究式的学习。同时，还要给予学生应有的权利，赋予他们自主学习的权利，自主选择学习内容与策略，让他们不断发挥自己的主观能动性，发挥自己的学习优势。

（五）培养学生的核心素养

人应该必备的能力与品质就在于核心素养。核心素养的提出主要包括如下几个层面：第一，未来个人发展与社会生活需要的能力与品格是无法预料到的，个人在受教育阶段唯一能够选择的就是对自己的必备品格与关键能力进行发展。第二，知识是以几何级数增长的，能力以几何级数进行分化，学校教育无法对知识和能力进行穷尽。第三，社会生活纷繁复杂，价值取向也是多元化的，学校教育无法面对社会上所有的问题。第四，学校教育应该专注于对学生必备品格与关键能力的培养。

21世纪，欧盟国家为了应对经济全球化，在教育领域提出了"核心素养"这一概念，目的是培养学生的创新能力，这一概念的提出是为了对传统的阅读、计算等为核心的概念进行改变，从而提升学生的综合应用能力。2016年，我国提出了学生发展核心素养以培养"全面发展的人"为核心，分为文化基础、自主发展、社会参与三个方面，综合表现为人文底蕴、科学精神、学会学习、健康生活、责任担当、实践创新六大素养，具体细化为国家认同等18个基本要点。混合式教学的设计与实践是有效提升学生学习的积极性、主动性，帮助学生学会学习的一种有效方式，也是全面落实我国学生发展核心素养的有效途径。

（六）增强学生的学习体验

个体的发展具有特殊性，因此教学需要在尊重学生个体差异性的基础上，对学生的学习体验予以关注，努力为学生创造更多锻炼的机会，激发他们学习的内部驱动力，发挥他们对知识的探索精神。当前，很多高校的评价强调甄别与选拔，对评价的激励与促进功能予以忽视，往往对结果过分看重，对学习过程予以忽视，这样的评价就导致了个别优秀的学生得到了愉快的体验，但是那些成绩差的学生失去了学习的兴趣，很难培养出健康的情感体验。

在具体的教学过程中，高校教师应该努力让学生用感官去实践、去体验、去解决问题，与社会实践相联系，研究教学方法是否符合学生的需要，采用多种技巧和方法展开教学，增强学生的学习体验，让课堂脱离传统课堂的弊端，即被教材与大纲等约束，而是让学生广泛地参与到课堂中，实现师生之间、生生之间的互动，这样才能让他们学会思考、学会辨析、学会研究，进而发现课堂的魅力。另外，教师还需要选择科学的评价方式，让学生能够更好地体会到成长的快乐，享受学习的乐趣，帮助学生正确地认识自己，激发他们学习的动力和积极性。

四、教育信息化背景下高等教育面临的挑战

（一）对教学方法与手段提出了挑战

高等教育传统的教学方法与手段是从教材出发来一步步地传授知识的，教学主要是以教师为中心，采用"填鸭式"的教学模式。随着信息技术的引入，以及慕课教学、微课教学、翻转课堂教学、线上线下混合式教学等的实施，教学内容不断深化与多样，学生可以运用信息技术在任何地方获取教学内容。传统高等教育教学中，教师是教学的主导，学生被动接受知识，但是随着信息技术的引入，这种角色发生了改变，教师展开探究教学、项目教学等，实现教与学方式的改变，教师主要负责引导，学生主动进行学习。显然，传统的教学模式与当前的高等教育教学改革已不相符。当前的高等教育需要运用新的教学手段，提升教学水平和质量。

（二）对教师角色与技能提出了挑战

"教师教、学生学"这一模式就意味着教师是知识的传输者，学生只是知识的接受者。但是，随着信息技术的融入，一些新的教学模式兴起，教师的责任发生了转变，从灌输者转向引导者，学生从接受者转向主动学习者。虽然教师的主体地位被颠覆了，但是教师仍然是推动学生展开学习的动力，他们需要不断指导学生的学习，是学生学习的必要支持者。显然，教师成了学生获取资源的一种途径，教师在教学中不仅需要为学生答疑解惑，还需要不断提升自身的技术水平。

传统的高等教育教学中，教师只需要具备一些基本的专业素养就可以了，会用电脑，执行一些基本的任务，就能够完成教学。但是，在当前新时代背景下，教师需要提升自身的技术能力，能够多样化地组织课堂教学。信息技术为教师和学生提供了海量的资源，学生在面对如此多资源的时候是很难做出选择的，这就需要教师的帮助，教师帮助学生对资源进行甄别，在课前将这些资源提供给学生，如微课视频、微课课件等。在课堂上，教师努力

激发学生学习的兴趣和积极性，熟练把握课堂活动，如进行合作学习等。同时，教师还需要掌握信息技术，运用该技术制作视频，对学习进行检测，实现与学生的互动。当然，教师还需要处理好传统手段与现代手段的关系，发挥好自身的情感与人格作用。

（三）对学习观念与方式提出了挑战

在信息技术影响下，自主学习、合作学习、体验式学习等是最为常见的方式。随着信息技术的不断引入，知识变得更为开放，学生想要获取知识，除了从课堂和教师那里，还可以通过网络获取。显然，信息技术融入高等教育教学使学生的学习路径更宽，学生也获得了丰富的学习资源，学生的学习变得更为主动。

在资源选择上，学生的自主性更为明显，他们可以选择本校教师的微课讲解，也可以选择其他学校教师的讲解。同时，学习的时间、地点也非常灵活，只要具备无线网络，学生就可以在任何时间、地点展开学习，这将传统课堂只能讲授一两遍的弊端予以消除。信息技术融入高等教育教学，使学生学习更加具有互动性，学生不仅可以和教师交互，还可以和计算机交互。学习平台可以监控学生的学习情况，教师也可以实时查看学生的学习情况，为学生提出一些意见和建议。师生之间、生生之间可以随时展开交流与合作，将学习的困难及时反馈与解决。可见，自主性、随时性是信息化时代下高校学习方式的主要特征，颠覆了传统的"机械"和"被动"的学习方式。

第二章 混合式教学概述

随着时代的发展以及技术的进步,基于信息技术、网络技术的多种新型教学模式被应用到高校教学中,混合式教学就是其中的一种。为了帮助读者对该教学模式有一个全方位的认识,本章主要介绍混合式教学的内涵、特征,以及高校混合式教学的优势与要素、高校混合式教学的培养目标与设计要求、高校混合式教学的理论基础这几个方面的内容。

第一节 混合式教学的内涵与特征

一、混合式教学的内涵

混合式教学在英文文献中以Blended Learning表示，Blended可以解释为"结合、混合或者融合"；而Learning强调学生学习的积极性和主动性，有的中文文献中翻译为"学习"，有的也翻译为"教学"。本书强调从教师教学的角度探讨，因此翻译为"混合式教学"。

过于宽泛的定义，一方面无法厘清混合式教学的本质，另一方面缺乏操作性。目前，学术界对于混合式教学的普遍认识是：混合式教学包括面对面学习和在线学习两个部分，是二者的结合。

二、混合式教学的特征

混合式教学随着时代和环境的改变得到了不断完善和发展，其囊括的教学模式、教学方法、教学内容等越来越多样。由混合式教学的定义就能看出其"多元"的特征，其是"教"与"学"多种要素的整合，是多个教学维度的有机结合。另外，混合式教学的理论基础也是多元的，包括学习社区理论、学习共同体理论、深度学习理论等理论。

企业培训使得混合式教学得以产生。之后，有一些国家开始将其应用于教育领域，如中小学教学和高等教育的教学、教师培训等。该领域的探索与实践研究表明，混合式教学是非常有效的教学模式。混合式教学的应用和研究领域极为广泛。教育国际化和信息化的一个必然产物就是混合式教学。在教育领域中，混合式教学的时代性备受关注。另外，随着科技的发展和教育技术的不断更新，混合式教学被赋予了新的科技内涵。具体而言，混合式教学的特征体现在以下几个方面：

（一）混合性的课程教学平台

混合性的课程教学平台可以有机结合平台资源的呈现、使用以及反馈功能，并集成在线网上教学、教学管理、网上互动答疑等多个功能，既能够获得多元化和系统性的教学资源，又能科学统计和监控学习者的学习过程和学习行为，同时还能打破教与学空间、时间的局限性等。由此可见，该教学模式的特征主要体现在各种教学要素的融合，如教学资源、互动、监督、评价等。

（二）混合性的线上资源

线上资源类型众多，从内容特点上看，主要分为任务性、生成性、知识性、指导性等类型的资源；从形态特征上看，主要包括静态和动态两种资源。混合性线上资源主要是混合以上资源，以此建立一个互助互联的学习链，如观看指导性资源解决疑难杂症、用生成性资源展示学习成果等。

（三）混合性的学习方式

具体体现在引导学生混合线上和线下学习、混合教师指导和学生自主学习、混合小组学习和个人学习、混合课堂和网络教学等，学生可自主灵活地选择学习时间和地点，进一步提升其学习效果。

（四）混合性的教学过程

混合式教学要求发挥线上和线下教学的优势，并有机混合两种教学方式，革新以往的教学模式，改变教学过程中单纯知识讲授的方式，提高学生学习的参与性和热情，缩小学生之间学习结果的差异性。

（五）混合性的考核方法

混合性考核方法主张同时考核学生线上与线下的学习过程和学习结果、校外校内教师的教学情况以及理论和实践内容等。不仅具有客观性、全面性和系统性，而且还会在课程平台上及时给学生反馈考核结果，让学生能明确掌握自身的学习情况，并针对性地加以纠正。

第二节 混合式教学的优势与要素

一、混合式教学的优势

（一）有利于发挥集合优势

混合式教学模式可以将传统教学模式和新教学模式的优点相结合，相互学习，系统思考，对各种方法、各种教学策略、不同课程等进行整合。这样不仅能够挖掘教师的教学技能与专业知识，在整个教学过程中发挥教师的主导作用，还能够将学生的主体地位发挥出来。同时，教师将先进的教育技术、教学设施等集合起来，为学生提供更加高效、方便的教学环境与手段，就某种程度来说，混合式教学模式对教师提出了更高的要求。

（二）有利于高效互动课堂的建立

传统教学模式主要以教学活动为主，教学内容主要是从教师向学生的单向知识转移。学生很少参与到课堂活动中，也很难实现课堂的互动交流。教师传统的教学方式缺乏灵活性，显得过于模式化。在混合式教学模式下，教师采用先进的教学工具、教学设备开展教学，可以实现师生之间、生生之间的交互，有机会解决更多教与学中的问题。

在传统教学模式中，教师很难从学生那里得到全面、准确的反馈。在混合式教学模式下，教师通过利用相关软件平台，将线上线下教学环境相结合，能够为教师与学生提供全面的、及时的教学反馈，帮助教师快速对教学过程中的问题与学生存在的困惑加以解决，使教师不断提升教学效果与效率。

（三）有利于个性化学习

学生可以选择符合自己个性化的学习方式，更好地激励他们参与到课堂活动之中，便于学生之间进行协作，也为学生创造更多的时间，拓展他们的学习空间与个性化的深度学习。同样，灵活选择也是一种深度学习，是一种创新的学习方法，能够帮助学生取得更好的成绩。

二、混合式教学的要素

（一）教育者

教学是教师教授、学生学习的统一活动。在这一活动中，教师和学习者扮演着不同的角色，具有一定的地位，彼此也会发生相互作用。教学模式不同，其师生组合的形式也会不同。例如，在混合式教学模式中，教师是学生活动的指导者、协作者，其扮演的角色是对学习者进行帮助和指导，而学生学习者的角色是在教师的指导下完成学习活动，是自己学习的监控者、探究者和知识意义的建构者。

（二）教学环境

教学环境即教与学发生和发展的环境系统，其会受多种因素的制约。在信息化时代的今天，教学环境也被赋予了新的内涵和特征。良好的学习环境可以激发、推动和强化学生的教学行为，有利于其掌握知识、巩固学习成果、实施个性和才能，所以能否创设有效的教学环境直接关系着学生的整个学习活动。

1.网络学习环境的概念与功能

教学环境的创设需要联系具体的学习情况以及对其他教学要素的影响，应服务于多种教学目的，如情感目的、实用知识目的、行为变化认知目的等。随着信息技术在高校教育中的广泛应用，计算机网络学习环境已经成了影响学生发展的一个重要学习环境。但是，因为环境建设和维护运行方面存在较多问题，使得这些花费大量人力、物力和财力建立起来的学习环境的使用效果不尽如人意。

美国杂志主编班德鲁提出，一个有意义的网络学习环境通常包括很多因素，如校方制度、教学法、技术支持、评价方法等，这些因素既相互关联又彼此独立。

我国学者王静（2005）将网络学习环境的含义分为广义和狭义两个方面。从广义层面上说，网络学习环境是指学习场所和学习媒介所营造的学习环境。从狭义层面上说，网络学习环境即由应用软件、程序语言等设计的网络交流平台。

学者张立新和李世改（2008）指出，物理环境、社会环境和规范环境构成了虚拟学习环境。

总而言之，网络学习环境应该是一种综合、动态、平衡的环境，其需要具备兼容系统内部各要素的功能，这主要取决于生态环境的特点；还要具有制约学习活动，使要素互相作用、互相依赖、互相转换的功能，这主要取决于系统论的环境特征；还要具备影响个体发展的功能，这主要取决于环境心理学的环境观；更要具有文化促进的功能，这主要取决于教育环境的文化特征。可见，理想的学习环境需要有两个基本条件：一是可以稳定学习结构，兼容学习要素；二是可以制约学习运转，促进个体发展。与此同时，教学环境原本是一个系统，因为其由许多互相联系和互相作用的部分（要素）按照一定层次和结构组成并具有特定功能的有机整体。在该系统中，各个教学要素均有起特定的功能，它们相互竞争、相互作用、相互依存，进而形成一个健康有序的状态。

2.学习管理系统

近年来，高等教育中越来越广泛地使用互联网资源，尤其在开发和应用教育科技和各种学习管理系统时。高等教育中对学习管理系统的使用率极高，一些教师和学生甚至会自己研发一些系统或平台。例如，2009年，美国华盛顿大学的三名研究生建立了云协作教育平台Schoology。科学的学习管理系统可以使教师较为轻松地发布作业、测验以及分享一些学习资源，还能开展在线课程的教学，提供一对一的补习或教学讨论。例如，美国密涅瓦大学借助互联网的力量，自己开发了一套教学系统，叫"主动式学习平台"（Active Learning Forum，ALF），这是一个基于能力中心和能动学习的教学管理系统。密涅瓦大学专门设计的在线教学平台，通过实时视频开设的小型研讨课程；没有地方限制，学生可以在世界各地将自己积累的经验实时分享给同学。学习者自身居住的城市就是其自身扩张的在线校园。

当前，我国常用的学习管理系统或网络教学平台有：超星、云班课、钉钉、腾讯会议等。通常而言，优质的网络教学平台会将学生、教师以及学习资源通过安全的在线环境联系起来，为教师提供丰富的教学工具，如灵活的课程、学习方式、讨论发帖等。

在教学中运用信息技术，教师可以对课程重新进行设计，激发学生参与学习，帮助他们建构新的知识和技能。巴西教育家保罗·傅雷勒（Paulo Freire，2001）提出，教育科技尤其是学习管理系统可以看成是课程设计的一部分，发挥着重要作用。这些教育技术不是教师，而是协调者；它们不上课，而是建立对话；它们不是学生，而是小组参与者；它们不孤立课程大纲，而是将编辑过的课程项目压缩到学习单元中。

学习管理系统不单单是一个发布学习内容的系统。除了为教师和学生提供所需的在线教育科技，学习管理系统可以创建课程公告、显示作业和成绩、上传教学讲稿和文件、增强沟通与协作、开展同伴学习、创造灵活e-learning学习经历等。

混合式学习在高校和企业中已经非常流行。一些高校均为教师提供各种学习管理系统，方便教师组织和传输课程内容。国外也有研究证明学生对学习管理系统持积极态度，尤其对系统保证学生有序学习方面比较认可。

（三）教学内容

当前，不少高校教师在教学中仍使用初、高中的应试教学法，如向学生灌输知识、强迫学生死记硬背等。另外，一些教师为了满足学生今后的工作需要、考研等，强调知识的实际运用，但考试内容单一，考查内容浅显，忽视了学生的学习兴趣。因此，在信息化教学环境下，教学应适当增加考查学生思辨能力的教学内容，让他们在学习的过程中能探讨、分析、推理或评价学习中的各种问题。此外，目前的教学过于侧重目的，忽视了对学生学习兴趣的培养。而最好的教学内容恰恰是兴趣。因此，教师在训练学生发散性思维的过程中，应该进一步挖掘问题背后的深层内容，使学生体验课堂外的学习兴趣。

《国家中长期教育改革和发展规划纲要（2010—2020年）》提出，高校要"培养大批具有国际视野、通晓国际规则、能够参与国际事务和国际竞争的国际化人才"。也就是说，培养学生的专业水平和国际化交流能力是当前高校教学质量与改革的主要内容。

（四）教学对象

对学生解决问题的能力进行培养是非常重要的，这样才能使其在工作中有能力处理很多问题。于是，提高学生的各种生活技能成了高校教学的一个重要目标。在一个多样化的课堂上，学生的适应性始于对教师的适应。因此，教师在设计课堂和学习策略时，应该考虑学生这一因素，包括学生的需求、能力、兴趣、已有的学习体验、不同课程与学习风格之间的关联等。

2010年发布的《国家中长期教育改革和发展规划纲要（2010—2020）》

提出要"注重学思结合","营造独立思考、自由探索、勇于创新的良好环境"。可见，不论对个人还是国家，培养高校学生的思辨能力都是极为重要的。近年来，很多求职单位以是否具备批判性思维作为选拔人才的先决条件。思辨能力不是一个崭新的概念，早在1933年，约翰·杜威就（John Dewey）就提出过让学生有效反思的相关理念。因此，教师在和学生进行课堂互动时，可以有意识地通过提问、主题分析、发散性阐述等形式激发学生的各种思辨性讨论和辩证性思考。

第三节 混合式教学的理论基础

一、探究学习社区理论

（一）探究学习社区的概念

探究学习社区（Community of Inquiry，COI）是由美国学者盖里森（Garrison）和安德森（Anderson）等研究学者提出的，它是提升在线学习质量的一个模型。该模型提出了三种临场感形式：教学临场感（Teaching presence）、社交临场感（Social presence）和认知临场感（Cognitive presence）。然而，该框架不仅试图概述核心要素（社交、认知和教学临场感），还要概述在线教育经验的动态，因此，这三个要素对学习的传递起到至关重要的影响。盖里森将该框架定义为一个过程模型，强调对话和反思过程，是在线学习社区发展的一个重要过程因素。

盖里森在探究该框架时，将探究学习社区的作用聚焦于促进：（1）教师与学习者、学习者与学习者之间的批判性对话；（2）学生批判性思维的发展。为了达到以上两个目的，实现成功的在线学习，他指出要使成功的在线学习发生必须具备这三个核心要素：社交临场感、认知临场感和教学临场感。这三个要素在探究学习社区中是相互交叠的（如图2-1），他们具有重合部分。社交临场感和教学临场感的交叠部分是"设置环境"；社交临场感和认知临场感的交叠部分是"支持对话"；教学临场感和认知临场感的交叠部分是"选择内容"。这三个要素共同交叠的部分组成了在线学习者的"教育经验"。

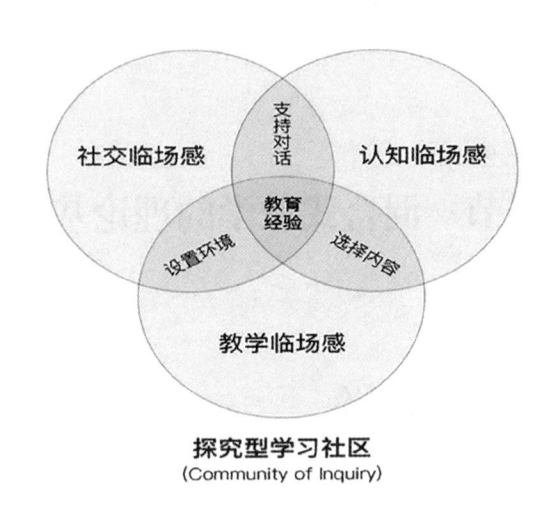

图2-1 探究学习社区模型图

（资料来源：江悦呈，2020）

在在线教育设计和开发的核心概念中，盖里森认为COI模型是一个描述性模型。因此，他们没有提供关于如何有意设计、促进学生在线课程学习和参与的说明性指导。由于探究学习社区理论框架易于操作和理解，COI框架受到广泛的改编和采纳应用，在国际在线学习领域中具有指导意义，所以，它成为网络学习环境中发展深刻而有意义的教育经验的基础。

（二）探究社区理论中三种临场感因素

COI框架中的三种核心要素——教学临场感、社交临场感和认知临场感，指的是教师的影响、同伴的影响和认知过程的设定。

第二章　混合式教学概述

1.教学临场感

教学临场感被描述为：旨在促进认知和社交临场感的设计，以实现个人有意义和教育上有价值的学习成果。盖里森将教学临场感定义了三个维度：教学管理——学生学习（课程和方法）的课程结构、过程、交互和评估的设计和组织；建立理解——推动学生之间的互动和讨论（促进话语）；直接指导——让主题专家直接进行知识和学术指导，以便可以直接对学生的疑惑进行解答、分享相关的学习资源、有效的指导讨论，参与到学习者更高层次的知识建构。从这三个维度可以看出，为了使教学临场感有效，教师必须明确完成以下两个部分的课程任务：指导学生完成作业和进行论述；教师通过直接的参与和指导来促进对话或活动。

值得一提的是，盖里森认为，教学临场感并不一定是教师的唯一责任，因为参与在线学习经历的所有学习者，包括教师和学生都可以担任教师的角色，因为每个学习者不仅在探究社区中构建了个人意义，而且过程性参与了社区协商和构建协作意义。美国学者斯泽托（Szeto）研究验证了盖里森的想法，让学生参与教师角色的活动，不仅可以提高学生的教学临场感，同时还可以促进他们的社交和认知临场感的发展，因此，让学生负责引导讨论是一种有效的方式，使学生能够完成教学临场感的三个维度，有助于他们学习的发生。在盖里森的探究学习框架中，教学临场感占着一个很重要的位置。从课程结构上分析，营造良好的教学临场感最重要的就是为学生构建在线学习环境和选择合适的学习内容，这其中就涉及教学与社交临场感、教学与认知临场感的共同构建。从角色上来看，教师在教师临场感中的角色是组织者，教师行为是教学临场感的关键结构。

当然，学习者也能够在一定程度上承担教师的指责，如讨论的推动者、回答其他学习者的疑惑等。另外，作为探究学习框架中最重要的一个因素，教学临场感在建立和维持探究社区方面发挥着关键作用，教学临场感在促进学生的社交临场感（交际互动）和认知临场感（预期的学习成果）方面起着主导作用，这种良好的教学临场感可以提高学生满意度，感知学习和社区意识。

2.社交临场感

社交临场感起源于传播学者肖特（Short）等人在1976年提出的概念，

他们认为社交临场感应该被定义为"学生在媒体学习中，传递互动的情感和情感元素方面的能力"。因此，盖里森将其改进并设置为探究社区重要的一个环节，在盖里森的定义中，社交临场感分为三个维度：情绪表达——表情符号的正确使用和表达自传叙事；开放沟通——无风险表达（换位思考）和对彼此贡献的认可；团队凝聚力——学习者之间建立和维持群体的活动。情感表达是学习者通过使用一些表情和符号来表达自己的情绪状态，比如"对不起我错了！"加一个沮丧的表情，表示因为做错事而不开心。开放沟通是学习者通过延续其他人的话题进行讨论，他们在交流过程中会表示对他人贡献的赞同，是一个过程性的行为，在这个过程中，盖里森鼓励学习者进行批判性反思和对话。团队凝聚力是小组成员对社区和整体态度的体现（学习者是否承认自己是社区或小组中的一员）。如果学习者在提到小组的时候使用"我们"这个词，意味着这名学习者已经认可自己所在的团队，这也意味着团队凝聚力正在不断发展。

盖里森等人在模型构建时便提出社交临场感的重要性，他们认为学习者之间的交互应当被描述为：学生在教学过程中获取他人资源的手段，也就是说社交临场感能够持续地促进学习者认知临场感的发展，进而对学习者批判性思维的发展产生正面影响。

当然，虽然社交临场感与互动有直接关系：互动频率越高以及互动质量越好，学习者的社交临场感就越高。但是，盖里森指出社交临场感不应该仅以互动量来衡量。他认为学习者在体验团体活动时会感受到社交的真实存在，并通过表达感受和交换想法来集中协作沟通，这其中就涉及互动沟通者的性格习惯以及他们的基础认知，这与杜威的想法不谋而合，他认为教育经验必须融合个人和社会的利益。因此，个人发展必须依赖社区，社区的发展必须要依赖于一群志同道合的人。

3.认知临场感

认知临场感起初被描述为"学习者通过持续反思和话语能够构建和确认意义的程度"。在2007年它被盖里森定义为"探究社区中的所有学习者能够通过持续交流构建意义的程度"。除了提出认知临场感的概念以外，盖里森还根据杜威的探究学习理论，整理了探究实践框架模型，其中包含的四个步骤是：触发问题、探索、整合和解决，具体解释便是（如图2-2）：

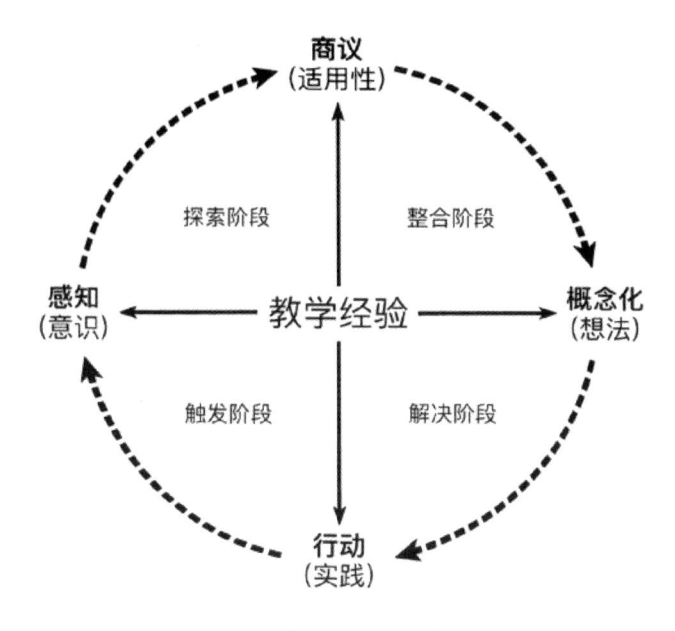

图2-2 探究实践框架模型

（资料来源：江悦呈，2020）

第一阶段是触发事件，一般被认为是开启问题的起始阶段。通常而言，可以从教育过程中遇到的障碍或困境作为触发事件来确定问题。在传统的学习环境中，教师通常会采用明确的期望或任务作为触发事件，而在在线讨论环境下，尤其是相对自由的氛围中，来自学习社区的所有学习者都可以作为触发问题的人，这可能会吸引学习者启动知识获取过程，并在这个过程中构建自己的知识体系。

第二阶段是探索，学习者反映个人的理解，并相互协作在网络中搜索相关信息，他们在个人学习空间和社区学习之间转移。在此阶段开始时，盖里森强烈建议学习者区分和理解问题的性质，然后通过小组活动（即头脑风暴）或者进行更多个人探索，如文献搜索等。在一个学习社区中，学习者会在个人学习空间和社区学习之间迭代地构建知识，这意味着他们可以通过搜索信息、交换意见、质疑假设、挑战性想法并产生印象，并使用批判性反思与话语来建立感知。进行递归操作后，学生可以筛选出与他们的问题相关的数据或答案。在此过程中，教师充当了监督者、管理者和领导者的角色，指导着不同学习者的判断保留并转移到下一阶段。

　　第三阶段是整合，这是一次探索产物的交换，学习者可能会更加专注于建构意义，也就是概念化学习者们的想法。这个阶段的重点是：学习者要如何描述自己的想法或考虑，然后以适当的形式和顺序整合，以便为提出解决方案制造条件。学习者可能会在此阶段加深理解和塑造感知，但这其中的效果仍然取决于从探索阶段收集的信息。从字面上看，探索和整合阶段之间应该有一个小循环。通常而言，学习者在产生新知识体系前，都将在这两个阶段中不断穿行以确定知识足以支撑解决方案的提出。此外，在这个阶段通常需要教学临场感的支持，因为，整合探索产物可以消除疑惑，将这些解答提供给其他学习者，以确保每一个社区参与者都能够使用批判性思维持续的构建认知发展。

　　第四阶段是解决问题，主要是对障碍或困境的解决，是通过在特定实际问题中应用解决方案来降低问题的复杂性。对于日常工作来说，进行重复或验证假设可能更实用，但是对于学术挑战，以个人为单位的确认似乎行不通。因此，在在线学习环境中，来自探究学习社区的学习者，他们在工作或家庭背景支持下工作和学习，使用自己身边的资源可能更容易实现学术上的验证。虽然在这一阶段中，学习者可能会提出进一步的问题，但这些问题会鼓励探究学习社区的学习者们发现更多有助于发展更多讨论的话题，引发更多的批判性探究，促进持续学习。

二、探究性学习共同体理论

　　学习共同体可以被称为一种特殊类型的共同体。这一概念是以共同体的概念为基础形成的。在此将学习共同体的概念具体阐释如下："学习共同体是指在班级教育活动中，以共同愿景、价值和情感为基础，以真实任务为核心，师生、生生之间持续的、深层的合作和互动，共同成长、共同进步的学

第二章 混合式教学概述

习组织与精神追求。"[①]这一对学习共同体的界定不仅将其看成了一种组织与实体，同时还将其看成了一种意识和精神。

我国学者卢强从课堂教学的视角对学习共同体的内涵进行了重新审视，并从有形场和无形场这两个层面建构了学习共同体。具体如图2-3所示。

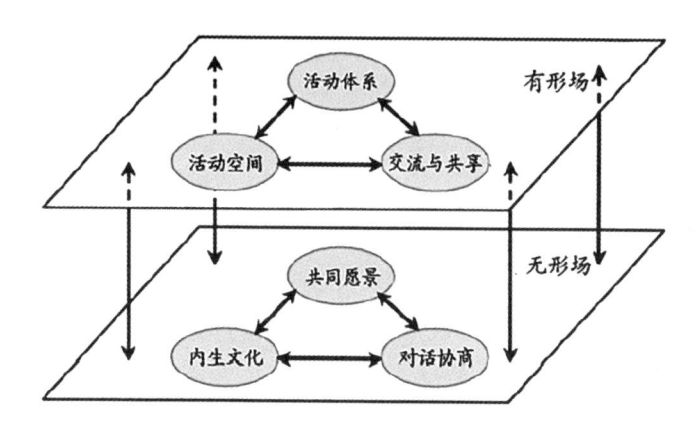

图2-3 课程教学视域下的学习共同体概念模型

（资料来源：卢强，2013）

其中的"无形场"具体是学习共同体宏观层面的建构依据和指导，是对共同体愿景的创生，是生成无形文化和使对话协商关系持续的内容。其中的共同愿景可以说是动力，同时也是共同体发展的大体目标。内生的文化是共同体的内涵，同时也是共同体发展的基石。其中的对话协商属于共同体的存在方式，是作为学习共同体为何作为共同体存在的交互方式。"有形场"是学习共同体实践的流程、方式与机制，具体涉及活动空间、活动体系以及交流与共享这几大方面的内容。其中的活动空间具体是指活动所进行的场所，是活动的参与者实现其身心发展的场域。活动体系具体是指学习共同体组织活动的基础，活动的实施也要以此为依托。交流与共享是共同体的交互通道，是群体智慧得以生成的具体路径。这样一来，"无形场"中的愿景以及

[①] 潘洪建. "学习共同体"相关概念辨析[J]. 教育科学研究，2013（8）：12.

文化与对话协商就成为联系共同体成员的纽带，并使交互的气氛得以维持；"有形场"的流程、方式和机制就是课堂教学的原态得以改变，并走向新的原态，从而能很好地彰显课堂教学的结构性变革。

通过对上述学习共同体的概念进行分析不难看出，这一概念在长时间的发展中还与学习班集体、合作学习小组等概念存在着一些交叉，对这些相关的概念进行阐释与分析有利于厘清学习共同体的边界，并对学习共同体的实质有更好的把握。

（一）学习型组织

组织通常包含着特定的制度规范、权利结构以及运行机制，它是作为一种有序的社会结合存在着的。从发展演进的角度进行分析，组织这一概念出现得要比共同体晚。

从经历的形式来看，组织通常经历了（1）科学组织（如泰勒的科学管理组织）；（2）科层组织（如韦伯的科层组织）；（3）扁平的科层组织；（4）网络组织这几种形式。其中，美国著名管理学家、经济学家泰勒（Frederick W. Taylor）的科学组织以及德国经济学家韦伯的科层组织就在工厂、企业、机关运用得非常普遍，并且这两种组织形式也很快被运用到学校的教学实践中了，这一运用其实是将学校视为工厂的流水线，并以课程标准为依据来生产大批量的同质化的学生。

受到工具理性主义支配的科层组织后来又受到了质疑和批判，进而涌现出网络化的、扁平的组织形式，并呈现出诸多种类型的组织形式共存的局面。在1950年前后，人文主义思潮得以复兴，这就使共同体的精神得到了觉醒。在几乎同一时间，就应运而生了学习型组织的概念。

美国麻省理工大学斯隆管理学院资深教授彼得·圣吉（Peter Senge）是一位研究学习型组织取得较大成就的学者，他对学习型组织的五大特征进行了总结：（1）自我超越；（2）改善心智模式；（3）建立共同愿景；（4）团体学习；（5）系统思考。这一对学习型组织的总结又被称作学习型组织的五大修炼。他对学习型组织的研究为建设学习共同体提供了理论参照和基本的框架。

第二章　混合式教学概述

但是，在有些文献中，还会将学习共同体和学习型组织这两个概念混同起来使用。例如，在《变革的力量——透视教育改革》这一著述中，著名的加拿大教育学家迈克尔·富兰（Michael Fullan）如此说道："学校现在还不是学习型组织，……看一看校长和教师还有什么工作要做，以便把学校从一个官僚主义的机构转变为一个兴旺的学习者的共同体。"学习共同体就是一种学习型组织，是学习型组织在教育领域中的应用，因而学习型组织中倡导的"团体学习、组织优化和共同愿景"也是学习共同体的重要特征。

基于以上的分析，我们认为，学习型组织和学习共同体存在着一些相似之处，不管从理论基础上还是实践策略上进行分析，它们都存在着很大的重叠和交叉，并且相互之间彼此借鉴和相互吸收。两者都强调学习和发展，并关注所有成员的参与与共同提升，以及成员之间的经验交流和分享等。但是，学习共同体还吸收了一些学习型组织中的因素，如自我超越、心智模式的改善等。学习型组织也吸收了一些学习共同体中的身份认同、团体学习等，二者之间存在着相互支撑的关系。但是，这两个概念有着不同的实践旨趣和理论追求。如果从目标追求层面进行分析，学习型组织所追求的是组织的目标和组织的绩效，希望借助于缩短个人差距来实现组织的最佳发展，进而完成预期的组织任务。建设学习型组织是为了促进组织的发展。个体的发展通常仅仅有其工具意义，但是非常容易忽视个体的需要。学习共同体所追求的是处于群体中的个体发展，并借助于互动学习来实现共同发展，不能让其中的任何一个成员掉队，它所倡导的是差异化的发展。

从价值取向层面进行分析，大多学习型组织具有任务型的特点，并且会受到理性的支配，具有浓厚的功利性色彩。相比之下，学习共同体所强调的是彼此间的互动以及真实的情境，它的情感色彩以及理想成分更多一些。学习型组织所关注的是系统的思考和团体的学习，并将任务和效率作为其导向。学习共同体所重视的是情感层面的支持、共同精神以及个人认同。

从组织层次层面进行分析，学习型组织所适合的是社会团体、企业等，相比之下，学习共同体所适合的层次更多一些，涉及组、班、学校、社区、社会等，但是学习共同体更多地是指由特定的学生群体组成的学习共同体。

（二）学习集体（班集体）

"集体"这一概念是在苏联的社会心理学和教育学中被普遍使用的一个概念。具体而言，集体是指对执行社会职能有益的、高度发展的群体。同西方社会的心理学所不同的是，苏联的社会心理学在对群体分类进行研究时，通常都将社会主义社会中所使用的"集体"当作一种特殊的组织形式与群体。就班集体（学习集体）而言，其以"集体主义"为指导思想，倡导个人应从属于社会。个人的利益也应服从民族、集团、阶级以及国家的利益。

"班集体"也是属于集体中的一种普通类型。这一类型的集体组织通常是依照班级目标以及教育规范组织起来的，是一种以共同学习活动和直接性人际交往为主要特征的社会心理共同体。一个健全的班集体通常应具有明确的政治方向、严肃的纪律、正确导向的舆论和勤奋好学、团结友爱的良好风气。同时，多样化的教育活动、得力的班集体核心以及良好的班风等也是一个班集体的重要构成要素。

事实上，学习共同体和学习班集体都可以被看作心理共同体，并且属于社会群体的类型，这两种类型的共同体都强调共同意识和精神，并且注重团队成员间的协作和互动，追求成员的多方位发展和进步，并且它们都能为个人提供归属感和安全感，以满足个体的社会性需求。但是，二者还在诸多层面存在着差异。

从概念归属层面进行分析，班集体更加倾向于学校管理和德育这一范畴，班集体的建设也属于政教处和班主任工作的重要内容。与此同时，这一概念在社会主义国家使用得比较广泛。但是，学习共同体则属于社会学、学习科学以及人类学的范畴，学习共同体很少会受到社会制度的限制。

从价值导向层面进行分析，班集体所追求的是集体主义。强调任何言行和行动都应符合集体利益，如果个人利益与集体利益发生了冲突，个人利益应服从集体利益。这其实表明了集体利益重于或者大于个人利益这一主张。相比之下，学习共同体所强调的是自主性和多元性的互补和结合，主要是因为共同体并不是一种抽象的存在，它是一种自主性和多元性发挥作用的环境。对于每个个体而言，都有行使自己自主性的权利，并做出相应的选择，共同体为自主性和多元性的发挥提供了有利的空间。

从互动方式层面进行分析，班集体是将直接交往作为主要特征的人际关系系统，注重集体内部成员间的直接交往和人际互动。当然，学习共同体也强调交往，但并不是直接的交往，还极有可能属于虚拟网络的交往或者间接的交往，它更加倾向于共同体的共同意识和情感联系。

从目标追求层面进行分析，班集体建设强调建立共同的理想、共同的舆论、共同的奋斗目标以及统一的意志和纪律。共同体在建设时更为注重成员间的持久性合作，并形成共同的精神和意识，共同体建设鼓励多元化，并尊重差异性。

需要注意的是，作为社会群体的学习共同体和班集体都关涉怎样处理好个人同社群关系的问题。到底应如何处理个人和社群间的关系也是当前自由主义和社群主义所密切关注的焦点话题。对于这一问题的探讨，至今并没有达成共识。

（三）合作学习小组

合作学习小组也是一个非常容易和学习共同体混淆的话题。这两大概念也存在着很多的重叠和交叉，需要进行分辨和明确。二者的共同之处在于都强调成员间的交流、合作和共同成长。共同进步与合作互动是合作学习小组和学习共同体的共同追求。二者都将知识的社会建构作为出发点，注重意义的合作建构，鼓励学习者之间的经验交互。当然，二者也在很多方面存在着差异。

从缘起进行分析，合作学习小组是以社会心理学、教育心理学为基础进行的研究，并广泛吸纳了心理学的研究成果。将个体的知识掌握、学习态度与情感变化以及认知发展这几大要素聚集在了一起，更为关注同辈或者同伴间的水平交流。但是，学习共同体发源于社会学和人类学的研究，并广泛吸收了这两个学科的研究成果，将聚焦点放在学习者的社会文化成长方面，这有利于促进真实意义的生成。

从控制水平层面进行分析，合作学习小组属于强控制的类型，而学习共同体属于弱控制的类型。就课堂教学中的合作来看，大部分属于结构化的合作，学习任务、学习步骤以及学习规则等也往往都是由教师事先规定或者安排好的，学生在规定的时间内依照规则和要求进行对话交流并完成相应的学习任务即可。但是，学习共同体中学生的相互合作却带有半结构化的性质，虽然有规定的任务，但是学生间合作的时间和空间、组织分工与合作过程等都有很大的弹性。对于一些较高水平的共同体而言，学生的协作和合作也往往带有更多的自发性质，并不仅仅局限于学科学习，还经常在道德交往和日常生活中发生。换言之，学习共同体在发展层面已经渐渐地超出了教育学的水平，逐渐迈入人类学和社会学的水平层次，很好地体现了学习者在真实社会中所具备的文化特征。

从目标追求层面进行分析，合作学习小组将其侧重点放在了掌握知识技能以及认知发展层面。相比之下，学习共同体除了重视知识技能的学习之外，还对真实任务的解决给予了密切的关注。同时，还关注在解决任务的过程中身份的形成以及社会文化的成长。在合作学习小组中，合作仅仅作为一种学习方式存在，借助于合作学习有利于促进知识的理解和掌握。然而，在学习共同体中，其合作所追求的是形成合作学习的文化以及对学生的社会发展所起的促进作用。学习共同体是以合作学习为基础的，但又超越了合作学习这一层次。学习共同体对学习者之间的会话、协商等给予了密切的关注，它所强调的是自发的、有效的、有深度的合作。因而，可以说，小组合作是建设学习共同体的基础，并且是建构学习共同体的必经阶段。

第三章 我国当前高校混合式教学的现状研究

随着信息技术的快速发展，中国的教育信息化已经进入了一个全新的阶段。高等教育信息化是促进高等教育改革和教育教学质量提升的重要前提，如今混合式教学已经成为高等教育改革中一种重要的教学组织形式。混合式教学对传统的教学组织形式进行了更新换代，通过融合线上和线下教学，一方面能够发挥线下教学中师生直接交流的优点，另一方面可以发挥线上灵活安排教学的特点，体现"教师主导，学生主体"的宗旨，培养学生探究式学习和创新实践能力，也能够提高教师的教学水平。随着信息技术与教育体制改革的不断深入，混合式教学的发展机遇不断增加，与此同时，混合式教学也面临着许多挑战，其中存在的问题也日益显现。本章主要针对高校混合式教学中的教师、学生、教学资源以及混合式教学在线评价的现状展开分析。

第一节 教师混合式教学能力现状

一、教师自身混合式教学的组织能力不足

混合式教学的开展与教师的教学思想和方法是分不开的。信息技术应用于课堂，不仅仅要求教师掌握信息技术基本技能，更重要的是要改变原有的教学观点和思想。改变传统的教学模式思想，提高教师的教学理论素养，向现代教学模式中的教师角色转型，要树立新型教师角色。

教师应该认真钻研课程内容，明确课程开发的意图和体例及局部和整体的联系。教师只有在熟练掌握教材内容的基础上，才会有多余的精力去考虑学生的各种情感和心理需求，最终使学生在情感需求处于良性状态时获得最佳的学习效果。教师必须能够随机应变并熟练驾驭各种信息技术。同时，教师应认真钻研和领悟课程内容，成为多媒体课堂教学的灵魂。具体来说，可以从如下几点分析：

（一）线上和线下教学活动设计不规范

混合式教学是要把传统线下教学的优势和线上教学的优势结合起来，线下注重精细化和深度，线上注重综合化和广度。实际上，大多数教师没有深入分析线下教学和线上教学的优势，缺乏变革意识，没有做到对两种形式取长补短，相互补充，线上和线下教学活动彼此呼应性不足，线上教学经常出现简单重复线下内容的现象。与传统教学不同，混合式教学不仅要考虑线下教学活动的安排，也要明确线上教学的内容，要求教师充分利用线上教学和线下教学优势，合理设计教学活动。当前，从重新组织教学内容的倾向度而言，一些教师完全不会主动调整教学内容，而是忠实地执行教材内容，且大部分教师比较不愿意去重新安排教学内容，共性教学内容的个性化安排较差。混合式教学活动设计通常以传统教学设计为蓝本，没有明确线上和线下

第三章　我国当前高校混合式教学的现状研究

教学形式的特点和规律，部分教师凭感觉或难易程度分配教学活动，没有全面分析学生的学习能力和学习需求，活动设计缺乏科学性。目前，混合式教学没有一个经过实践检验完全可行的教学过程模式供教师参考，很多教师在不断探索的过程中试错，导致线上和线下教学活动混乱，疫情期间出现教师把线下教学内容直接搬到线上进行的现象。

（二）优质的线上教学资源贫乏

当前，线上教学资源大多是单向呈现的，典型案例包括电子教案、习题、数字教材、微视频等，资源呈现形式比较传统，缺乏具有互动性的在线教育资源，如虚拟仿真软件、个性化题库等。线上教学资源的质量不能得到保障，学习资源缺乏高层次的认知性与系统性，很容易使学习浅层化，知识碎片化。线上教学资源的大量涌现催生了线上教学平台的蓬勃发展，如MOOC、国家教育资源公共服务平台、微课网站等，为教师、家长和学生提供了服务，但一些教师表示"仍缺乏一个符合本地需求的、权威的、实用的综合性教育平台"。一些商业机构将原有功能改造添加教学模式进一步开发为线上教育工具，如QQ、腾讯会议、钉钉等软件，教师一味追求教学视频制作与发布，没有进行在线教学设计探讨，缺乏足够的教育性，极易陷入微视频灌输的倾向。

（三）教学方法拘束于知识讲授

教学方法具有多样性和灵活性，教学方法的选择影响混合式教学的实施质量。混合式教学要求综合多种形式的教学方法，把线上教学和线下教学的优势结合起来，针对不同的教学任务和教学情境采取适合的教学方法，充分发挥学生主体的自主性、能动性和创造性。目前，混合式教学在教学方法方面主要存在以下问题：一是教学方法单一，以教师讲授为主，注重系统知识的讲解、练习与记忆，学生缺乏探究学习和合作学习的机会；二是教学方法浅表化，没有充分挖掘技术在教学中的作用，基本上是利用PPT的展示功能，信息化媒体应用较少。

（四）基础设施的延伸度低

基础教学设施指混合式教学所需的硬件设施和软件设置。近些年，学校加大在基础教学设施和媒介建设上的投入，从教师电脑的更新到教室设施的换代，致力于打造智慧校园，然而教学并没有实现跨越式发展。在现实的混合式教学中，教学媒介并没有使人的感官功能或思维功能得到有效延伸。问题一是信息化教学所需的硬件和软件设施不够健全，如欠缺在线教学平台、网络、平板等较为先进的技术和软件，学生缺乏自主学习的网络平台，从根本上阻碍了学生的个性化自我延伸。问题二是现行基础设施的应用环境不足，部分教师只会使用PPT课件，几乎不使用其他技术，忽视了教师对信息化技术使用热情的培养与师生信息化素质的培养。有教师提到，学校的现代化设施很先进，但是教师群体会用的寥寥无几。也有教师表示，在网络上参加的先进的技术培训和现实的信息环境之间存在较大差异，学用分离是阻碍教学发展的主要原因，为了追求信息化教学目标，许多教师为了体现技术的形式而使用技术，追求给教学过程带来新意，但并没有帮助达成教学目标。这实际上是一种资源浪费，教学效果并没有得到有效提升。

（五）教学评价缺乏数据支撑

教学评价是教学活动开展的导向和矫正。教师应充分了解教学过程的各种数据信息，从而建立起科学的"反馈—矫正"程序，并及时给予学生补偿性的矫正学习机会，这才是有效的评价活动。[1]当前，一些教师在教学反思与评价方面持有积极态度和及时调整策略，能够根据学生变量及时调整教学过程变量，基于课堂行为为信息、知识基础状况、成长档案、试卷等活动数据，针对学生的学习过程和学习结果，进行全方位的教学反思。但大多数教

---

[1] 万力勇，黄志芳，黄焕. 大数据驱动的精准教学：操作框架与实施路径[J]. 现代教育技术，2019，29（1）：31-37.

学评价是基于对学生直观认知表现的分析，偏于经验分析和定性分析，数字化评价水平较低。有教师表示，教师很难获取具体到每个学生学习过程的数据，不利于形成准确的课堂教学诊断评价，无法精准把握学生学习情况，因此无法做出更具个性化、针对性的教学评价。

二、教师缺乏创造性的教学智慧

混合式学习本质上是教师智慧融入网络学习空间，对于教学来说，就是教师智慧融入平台，学生智慧融入平台。教学智慧是教师面临复杂教学情境时所表现的一种敏感、迅速、准确的判断与行动的综合能力。教学智慧展示常常伴随着教学过程中的方法、内容、技能等，使教学成为一种艺术。有人把教学智慧比喻为"跳荡在教学情境中的灯火"，意指教学智慧的偶然性、个别性、特殊性与不确定性。

课堂教学是一个教师对多个学生，学生提出的问题具有多样性和变化性，这就要求教师具有灵活性和随机应变的教学智慧。教学智慧就是面对千变万化的教学实际情境，是在教学活动中处理预设与生成关系的智慧。教学智慧是教师施教的根本，凭借其神奇的光焰，点燃学生的灵感和创造的火花，而让教学收到神奇之功。教学智慧是不可学习与传授的，而是将原则反省的普适性和感觉的特殊性结合在一个特殊的教学情境中，其践行本身就是目的。学校集体成员可以朝夕相处、相互观摩、共同切磋、相互启发、相互帮助。大部分教育心理学家都认为，主动学习的效果要胜于被动学习。

三、教师开展混合式教学活动的创新能力不足

教师要考虑课堂教学与网上学习两类活动的协调设计与互补，如何更好

地设计整个教学流程促进教学优化及学习效率。

（1）组建教学团队。混合式教学的实施需要建立一个团队，由组建的专业教师工作团队整合专业相关的教学资源，遵循教学资源内容短小精悍的原则，定期更新订阅号信息，通过网络教学平台、微信公众号、手机远程直播平台公众号助手的群发功能，将教学资源信息快速及时地推送到学生的手机等移动终端，使其能有效地辅助课堂教学。不论什么教学平台，平台教学资源涵盖了多少内容，教师资源永远是教学资源最核心、最具活力的因素，要鼓励专业教师积极参与公众平台的运作，一定不能忽视教师的指导作用。要组建专业教师工作团队专门负责远程直播平台工作，及时管理远程直播平台。

（2）教师行为的混合。要想提高课堂教学的质量，关键在于对整个教学过程的控制。教师的指导作用不能弱化，教师要对学生课前、课堂、课后这三个阶段的学习进程进行控制，通过多媒体课件或板书呈现，根据学生的反应适当调整教学进度，改进教学方式。以混合式教学理论为指导，发挥教育者的群体智慧，精心制作微课程。设计开发基于平台的微课程，确定学习者资源和学习任务的发布方式，对学生通过平台的提问进行合理的解答，并及时发送出去；通过平台，对学生的学习情况进行监控，加以记录和分析，以便应对后面的挑战。

（3）教师还要在网络上实施一系列的教学活动。"教师的角色不再是一名教师，而更像是一名顾问或是教练。教师将较少关注对知识内容的确定和传授，教师的主要精力将放在对学生的主动学习过程进行鼓舞、激励和管理上"。

第二节　学生混合式学习现状

一、学生的自主学习现状

（一）学生缺乏自主学习的内在动力

大学生缺乏学习的内在动力。学生的内在学习动力对学习者的学习效果十分重要。大学生缺乏学习的内在学习动力，可以分为以下三个方面来详细说明：

第一，由于大学生群体的多样性和个性特征，这就产生了多样化的学习动机，每个大学生都有自己的学习目标和学习动机。例如，有的大学生想要通过学习为未来取得一份好工作；有的大学生想要提高自身的技能以及职业素养；也有的人是想开阔自己的视野，学到更为广阔的知识；还有的大学生是想通过获得好成绩而得到家人或者老师的好评价。对于自主学习尤其是混合式学习背景下的自主学习，大学生进行学习尤其是网络学习时，由于其外部监控的不足，大学生对待课程不认真。

第二，浓厚的学习兴趣可以促进大学生积极主动地学习，有利于学生在学习过程中克服难题，取得理想的学习效果。但是当前的大学生由于其学习兴趣低，对学习内容不感兴趣。在大学课堂中，课堂人数多，集体大班制的授课形式使教师无法照顾到每一位学生，教师的教学方式大多是讲授为主，辅以多媒体课件。学生在这样的学习情境下被动地接受知识，没有主动学习的兴趣，学习情绪不高。学生对所学习的课程不感兴趣，这样就会产生一系列的问题。学习兴趣不高，就会对学习产生厌倦感，不认真学习专业的基本知识和技能。此外，大学生被动地接受知识，没有自己的思考和自我建构，因而不能将知识学以致用。学习兴趣能够使学习有着明确的方向，加强大学生自主学习兴趣，对于取得理想的学习效果非常重要。

第三，学习态度是后天接受的教育、所处的环境以及个体自身的努力等各种因素共同作用的结果。中学时期的学生由于学习目标非常确定，即努力学习考入重点高校，在教师家长的监督和管教下，他们的学习态度非常端正。大学生经过压力大的高中学习时期，步入大学，心理上就会对自身放松。此外，大学生的学习环境相对自由，教师和家长的监管没有像之前中小学时期那样严格。一部分大学生会认为，考上了大学，学习的任务就完成了，因而思想散漫，没有明确的学习目标和学习动力。在学习过程中，没有明确的学习目标和学习动机对于学生的学习是极其不利的。适当地学习动机和学习目标会促进学生的学习，但是，当下大学生缺乏内在的学习动力。因此，在混合式情景下，如何让大学生的自主学习更加具有内在动力，提高学习效率，帮助大学生取得理想的学习效果也是急需解决的问题。

（二）学生缺乏自主学习的意志力

大学生缺乏自主学习的意志力。学生自制力的差异，学习情感容易受外界的操控，此外，学习意志力差，阻碍了自主学习意识的建立。[①]有的大学生在线上学习时，没有坚持学习完课程而中途放弃了。在混合式学习背景下，大学生自主学习存在不连续性，不能持之以恒地坚持学习。大学生开展学习活动时，要持之以恒，坚持完成学习任务。首先，要根据自身的需要制定自己的学习目标。然后，要制订适合自己的学习计划，养成良好的学习习惯，可以根据自己的实际情况适时调整学习计划。最后，要不折不扣地按质按量完成学习内容，并及时总结反思。

大学生在自主学习过程中的时间安排，学习计划的执行力度不够。在学习过程中要有系统规划，不能一时兴起就学一会儿，半途而废，不能持之以恒。大学生在学习过程中应该要严格执行学习计划，并且要对学习过程中出现的问题进行归因，积极主动地去解决问题，而不是一遇到问题就退缩和不敢直面学习困难。

---

① 吴希红. 自主与引导——基于自主学习的课堂教学引导策略研究[M]. 上海：华东师范大学出版社，2004：34—35.

（三）学生自主学习缺乏完善的评价与反馈机制

大学生自主学习缺乏完善的评价和反馈机制。完善的评价与反馈机制，无论是对大学生学习还是教师教学而言都是非常重要的。完善的评价与反馈机制，一方面能够让大学生自己知道具体哪些知识掌握得不到位，能够为下一次的学习活动提供充分的准备。另一方面，教师能够及时掌握学生的学习情况和学习动态，有助于教师给学生提供有针对性的指导和帮助。

在混合式学习背景下，学校应当为大学生自主学习提供一个稳定的"教—学—评"学习平台和评价反馈机制。学习者可以根据反馈系统的意见及时调整自己的学习方法和今后的学习计划，从而使学生更好地完成自主学习任务。学生的学习过程和学习成绩需要教师进行评价，教师需要掌握学生的学习动态。当前，自主学习方式已经实行，但是针对大学生自主学习的反馈与评价机制却没有。那么，大学生处于混合式学习背景下，使用的反馈与评价机制却还是传统课堂学习模式下的反馈与评价机制。没有针对性的反馈与评价机制，大学生的学习情况得不到准确和有效的反馈与评价，就会影响大学生下一阶段的学习以及学习的积极性。

二、学生的深度学习现状

（一）学生的深度学习问题

1.深度学习认知不足

学习知识时自己的理解是否可以和别的学生进行交流，学习新知识后能不能联系以往学过的知识进行深层次学习，这些都是影响深度学习的因素。目前来看，学习成绩比较好的学生深度学习能力也较好，且在深度学习能力上主动性强、学习意愿较高。

2.学习能力和方式不恰当

针对学生在网络环境下进行信息搜索、网络学习情况以及是否有使用网络工具记录学习等因素进行分析。高校学生是否使用网络来搜索信息，利用网络上的网课进行学习，还有用网络工具来记录学习进度问题等因素都是学习能力和方式主要调查的方向。现在人们都可以通过网络来快速获取大量的学习资源和信息，学习和生活已经和网络分不开了。但是目前大多数学校的教育方式还是传统的授课模式，完成老师布置的纸质作业或者电子作业，当前大部分学生还是以这样的模式学习，信息化教学虽然被引入到了学校的专业中，但是使用网络来获得学习资源进行学习的概率不高，深度学习无法进行。大部分的网络时间都被学生用在了看视频、新闻、玩游戏上。还有的学生在网络上搜索学习资源的时候并不能得到准确的信息，这也说明学生网络搜索能力薄弱及获取准确信息的能力匮乏。

3.信息素养能力缺乏

这主要考察学生能不能在网上搜索信息，遇到问题时及时调整搜索方法和灵活改变策略，新的观点是否用实践或者观察实验的方式验证，连贯的建构性理论是不是能用工具组织零散的内容来形成，有意识地在搜索信息时进行有效甄别。当前，很多高校学生存在无方法学习，不主动学习，缺乏实践、全面分析能力等问题。如何使用网络中的学习工具，有些学生完全不知道，也有的学生知道并且想在网络上保存下载学习资源来学习，但是搜索得到的学习资源没有价值，甄别数据能力较弱。不知道的学生不使用，知道的学生不会用，较少学生可以内化为自己的知识。

（二）影响高校学生深度学习的因素

1.学生自身因素

目前，高校学生学习中有四缺，即学习缺信心、缺目标、缺内驱力、缺投入度。其主要原因为：学生入学前学习基础与习惯差；时间管理能力较弱；学习精力易受手机等电子产品影响而分散；学生无法长时间集中注意力，在课堂上缺乏学习持久力。上述因素导致学生上课普遍"不想听、听不懂"。如果不加"干涉",学生低效率的学习无法将知识消化、整合成为自己的知识体系。

2.教师教学因素

希腊哲学家苏格拉底说过:"教育不是灌输而是点燃,一万次的灌输,不如一次真正的唤醒。"学生虽是学习的主体,但学生学习的内驱力还需要教师去"唤醒",课堂上促进学生深度学习的发生需要教师充分运用"认知心理学""教育目标分类学"等教育教学理论,对照培养目标与课程标准,围绕教学内容等进行"素养为本"的教学设计。现在的高等学校教师由于忙于各种繁重的事务性工作,极少有教师工作之余还主动学习教学理论知识,教师在教学中仅仅依靠经验来进行教学设计与实施教学,教学过程必然缺乏科学性与系统性,无法通过有效的教学设计引导学生进行深度学习。此外,高校教师若无课程统考等考试要求,大多无教学压力,都是由教师自己授课、出卷、考核,教师在授课中把更多精力放在维持课堂秩序上,教学设计内容缺乏"深度思考"。

3.环境影响因素

就学校环境来说,高校学生能否毕业取决于是否通过各门功课的考试,而考试大多是采用填空、选择与问答的卷面考核形式。教师为了让绝大多数的学生通过考试会在考前为学生提供复习范围,这样学生往往会采用考前临时突击、强化记忆的形式备考而忽视了平时的学习。也就是说,高校的考核评价标准与学习环境影响了学生平时学习的方式,会导致学生学习"浅层化"。

第三节　混合式教学资源开发现状

一、混合式教学资源开发面临的考验

高校信息技术课程的教学资源建设是该课程建设的重要一环。资源建设应立足课程标准和人才培养方案，对接行业、专业和岗位相关需求，对接教材知识点和技能，并配合相应的人财物力保障。但当前的信息技术课程资源的开发整合仍面临资金、时间投入等诸多限制因素，学校力不从心，信息技术教师更是孤掌难鸣。

（一）资源建设缺乏强有力的保障和核心素养培育指向

高校信息技术教师要开发制作适合高校学生信息技术核心素养提升、类型多样的教学资源，需要具备较高的专业技能。教学信息资源相关的教学平台和App开发等数字化教学资源的搜集、设计和开发的专业技能要求较高，许多教师在完成自身本职教学工作之余，心有余而力不足；部分非计算机类专业教师更是敬而远之；各类应用软件层出不穷、升级更新频繁，相关技术门槛限制了课程的电子教材、教学视频、教学平台工具等教学资源的开发，最终课程资源建设依赖于学校财力和专业公司的技术，导致教学工具成为技术的堆积而脱离了学生和科学教学理念的指引和融入，难以融入学科核心素养培育，最终成为操作工具。同时教学资源的搜集、开发和整合费时、费力，前期投入较大，课程教学资源的开发无法集思广益，缺乏教研师资引领与助力。

（二）混合式教学资源形式单一，难以共享共建

多样化的信息技术课程教学资源能有效帮助学生达成课程综合学习目

标，提升学生的学科核心素养。因搜集、制作技术要求不高，教学课件、微视频等信息资源成了当前信息技术课程开展混合式教学的主要教学资源。而这些形式单一、知识点零散的直观呈现，无法体现所学知识和技能的内在逻辑性，更难以突出重点难点，无法检测和反馈。同时，各个地区高校的信息技术课程教学内容各异，资源库建设标准不一，而且仅对校内或区域内学生开放，导致课程教学资源重复开发，人财物力浪费，难以群策群力。各高校可参考借鉴中国大学MOOC国家级在线学习平台的开放和学习管理模式，共享资源，携手共建信息技术学科教学资源库，以帮助学生实现灵活的学科自主学习，提升学生核心素养。

二、高校教师混合式教学资源利用的困境

在教育信息化的推动下，教师使用混合式教学资源展开教学已成为必然趋势。从效能的定义出发，即在某条件或作用下起到利于某人的作用，基于有效教学理论中教师关键行动形成的条件和开展方式，从应用环境、利用认识、利用类型、利用方法、利用成效多个维度对高校教师混合式教学资源利用现状进行分析与总结，发现高校教师在混合式教学资源的利用过程中仍存在不同层面的问题，影响混合式教学资源效能的发挥，下面将从以下几个方面对存在的问题进行详细论述：

（一）教师对混合式教学资源认知程度不够

教师对混合式教学资源认识的深度和广度，在很大程度上影响教师在课前、课中与课后对于混合式教学资源的选择与应用。研究人员在对高校教师混合式教学资源认知情况的分析时发现，大多数教师还是停留于对于混合式教学资源简单了解的阶段，仅少部分教师对于混合式教学资源的了解相对完整。

一方面，从混合式教学资源的内容来看，提到"混合式教学资源"，大

多数教师认为混合式教学资源主要是PPT、多媒体教学设备等硬件资源，忽视了文献资料、素材资源、视频、音频等软件资源的存在，这是当前高校教师普遍存在的共性问题。当前，部分教师使用了视频和案例等资源，但是教师并没有意识到这是属于混合式教学资源的一部分，说明教师对于混合式教学资源缺乏系统性认识，在教学设计和教学实践环节中无法高效使用混合式教学资源，导致教学课堂缺乏趣味性，影响教学效果。

另一方面，从使用混合式教学资源的含义来看，大部分教师对于混合式教学资源利用含义停留于浅层次了解阶段。当前，大部分教师认为在课堂中使用了PPT、多媒体设备等资源，就是实现了信息化教学。可见，教师未将学生作为主体，忽视了混合式教学资源的育人价值。基于有效教学理论来看，教师对于混合式教学资源使用含义的浅层次认知，会使得教师在教学过程中忽略教学情感目标，影响教学目标的实现。可见，教师对于混合式教学资源的重要性了解尚浅，未能深入科学地理解混合式教学资源对于有效开展教学的重要意义。

（二）教师混合式教学资源利用意识缺乏创新性

思想是行动的先导，没有付诸行动的思想是空思想。付诸行动的意识，才能取得成功，在课堂教学中亦是如此。当前，高校教师普遍都认为对于利用混合式教学资源进行教学很有必要，可见，高校教师认为混合式教学资源的利用对于开展教学很有必要。但是很多教师对于混合式教学资源利用的创新意识不够强烈。混合式教学资源效能充分发挥的前提就是使用主体能够明确混合式教学资源效能发挥过程中所承担的具体职责。当前高校教师对于混合式教学资源的利用未能真正重视，缺乏对已有混合式教学资源利用的创新意识。一些教师在使用混合式教学资源时，会做出相应的调整，但是大多数教师还是存在"拿来主义"的现象。可见，当前教师对于混合式教学资源的使用缺乏创新意识，少部分教师会根据教学需要进行适当修改，但是仅停留于简单加工的阶段，并未进行实质性的创新。另外，教师在备课过程中，主要依据教学目标寻找契合的混合式教学资源，并不会以各类形式多样、功能性不同的混合式教学资源而发掘新的教学内容，教师信息化教学思维局限于当前已有的混合式教学资源之中。可以看出，当前高校教师普遍具有混合式教学资源的利用意识，但是在混合式教学资源的使用方面思维较为固化，缺乏创新意识。

（三）教师混合式教学资源使用方式单一

随着混合式教学资源的形式逐渐多样化，利用方式也随之多元化。但目前，教师利用混合式教学资源仍以传统方式为主，难以适应信息化教学的需要和时代性人才的需求，主要表现为获取途径和利用方式单一。当前，一些高校教师对于混合式教学资源的功能特性和使用方法了解尚浅，教师在使用混合式教学资源的过程中缺乏科学理论的指导，使用过程存在不规范性。

一方面，教师对于混合式教学资源的获取方式单一。当前，高校教师主要以互联网下载和自己学习制作两种方式来获取信息化教学资源，获取形式具有单一性。教师在获取混合式教学资源的过程中学校并未对教师进行科学理论的指导，主要根据教师自身判断进行选择，存在一定的主观性。互联网下载和自己学习制作适用于部分混合式教学资源，但对于文献资料、案例素材等信息化资源还是需要通过专业途径进行获取。

另一方面，教师在课堂教学中，混合式教学资源使用方式单一。在课堂教学中，教师主要采用多媒体课件播放和讲解的方式来使用混合式教学资源，局限于教师传统的"PPT播放+讲解"，但是学生自行操作、边播放边讨论具有双向沟通形式开展教学较少，学生难以参与到教学中来，无法促进学生为中心新型课堂的形成。可见，教师使用混合式教学资源选择和获取方式较为局限，整体上来看影响了信息化教学资源发挥效能，影响了学生的自主学习和探究性学习能力的发展。

（四）教师混合式教学资源使用能力有待提高

"效能"定义为事物在一定条件下所作用于人的能力，效能的高低在一定程度上取决于条件的优劣。只有教师对混合式教学资源合理有效利用，提高信息教学资源的利用效能，才能使以教师为中心的传统课堂向以学生为中心的个性课堂转变。混合式教学资源的发展丰富多样，不同类型的混合式教学资源具有不同的育人功能，有助于激发学生学习的积极性主动性、减轻乏味感枯燥感，从而提高教学效果。

一方面，教师在使用信息资源方面还不够娴熟。当前，只有少数教师对各种教育资源的运用十分熟悉，这说明大部分教师对混合式教学资源的运用还存在着一些模糊的认识。在课堂观察中，有部分年纪稍长的教师对于电子白板等新型设备操作不熟练，在教学中出现设备操作不当导致中断教学的情况。由此可见，教师混合式教学资源利用能力还需进一步提升，如此才能进一步促进混合式教学资源与课堂教学的融合。

另一方面，教师混合式教学资源选择能力有待提高。根据调查结果来看，大部分高校教师教学主要选择教学设备和教学工具这两类易操作的混合式教学资源。其中大部分教师对于多种混合式教学资源的选择和使用，往往考虑的是混合式教学资源为自身教学服务，并未结合各类混合式教学资源的特性和学生需求进行选择。可见，对于混合式教学资源的选择，持有"别的老师用什么我就用什么"的心态，出现"随大流"的现象。高校教师对于混合式教学资源的选择存在一定的主观性和随意性，并没有结合教学目的和教学原则进行科学选择，从而导致课堂效果差强人意，未能完全实现信息化教学资源的育人效果。

（五）教师混合式教学资源使用率不高

有效地利用混合式教学资源，使教育资源真正发挥其教育作用，促进教师教学目标的实现和教学质量的提升。当前混合式教学资源的开发建设正处于蓬勃发展阶段，衍生出具有时代特征的混合式教学资源。教师只有在教学中实际运用信息化教学资源，才能将其价值落到实处。

在实际教学中，大多数教师都没有充分利用信息化教学资源，这说明部分教师在意识上已经认识到了教育信息化的作用，但是在实际教学中的运用还不够充分，还有个别教师存在教案与实际教学不一致的情况。

（六）教师混合式教学资源使用成效不显著

混合式教学资源的使用是为了促成教学目标的有效实现。教师利用信息化教学资源开展教学最终是作用于学生，那么学生对于教师信息化教学满意度在一定程度上反映了混合式教学资源的利用成效。因此，在教学过程中，学生的真实感受是反映信息化教学资源利用效果好坏最直接的方式。当前，很多教师可以感受到使用混合式教学资源进行教学后教学效果略有提高，但是很多教师在使用混合式教学资源的过程中并不能适应当今教学模式的需要，并未充分发挥混合式教学资源的优势和混合式教学资源的育人效果，导致利用混合式教学资源的效果并不明显。

第四节　混合式教学在线评价现状

一、混合式教学在线评价的阶段性成果

（一）政策层面和基础设施对实施在线教学评价给予了足够的支撑

在学生评价方面，教育大数据处理技术使学生的学习情况得以量化。中共中央、国务院印发的《深化新时代教育评价改革总体方案》（简称《总体方案》）指出，在学生评价方式上，可以通过信息化手段，探索学生、家长、教师以及社区等参与评价的有效方式，客观记录学生品行日常表现和突出表现。在学业考评方面，提出完善过程性考核与结果性考核有机结合的学业考评制度，加强课堂参与和课堂纪律考查。近年来，各地加大数字化校园和智慧校园的建设，为信息化教学和在线评价提供了足够的支持。同时，学

生群体中智能手机的日渐普及也为移动学习和在线测评创造了大环境。

（二）混合式教学在线评价平台逐渐丰富

在教育信息化快速发展和新冠肺炎疫情的情况下，支持混合式教学的各种在线教学平台加快了发展的步伐，涌现出一批有代表性的教学平台产品，如雨课堂、超星学习通、腾讯课堂、钉钉课堂等。这些教学平台覆盖面广、资源丰富，作业布置、日常测试、阶段考试等功能一应俱全。可以说，在互联网技术和移动应用的支持下，各类教学平台解决了传统教学中时空限制的问题，使线上线下混合式教学逐渐成为常态。

（三）以数据驱动为特征的在线评价得到有效拓展

通过应用和比较，可以发现各个教学平台都非常重视学生评价在教学中的作用。在教学评价理念上，都能做到以新兴信息技术提高评价效率为抓手，推动教师从经验式教学转换为数据驱动教学。在评价策略上，能涵盖课前、课中、课后三个环节，通过信息化手段记录有关数据，使评价贯穿整个教学流程，实现评价维度的多元化，同时，实现评价范围从共性到个性、从知识到能力的转变。在评价形式上，支持自动评分、答案生成、互动解析、错题分析、数据记录、数据图表化呈现等。可以肯定的是，教学平台和先进评价工具的介入，在一定程度上减少了教师的工作任务，使教师能将工作重心放在备课和教研上，充分体现了信息化教学对教师的作用。

二、混合式教学在线评价的困境

（一）在线教学平台同质化严重

教学平台的兴起受政策、资本、技术的影响，且具有抢占市场的目的，

第三章 我国当前高校混合式教学的现状研究

这一路走来,既有探索,也有模仿。因此,目前很多教学平台的界面、功能都较为相似,同质化较为严重。部分教学平台利用信息化和网络发展的契机,仅仅实现了线下到线上的跨越,实现了教学方式的创新,在教学内容创新、科学评价创新方面仍然有所欠缺。加上各类教学平台各有侧重、各有特色,不可能满足教学工作者的所有要求。因此,如何选择适合自己教学需要的最佳平台成为教师必须面对的难题。

(二)混合式教学在线评价体系建构不完善

多数在线教学平台的评价目前仅处于信息化处理数据的水平,即利用互联网络及计算机的处理能力,构建开放式的评价环境,提高评价的数字化处理能力,改进评价信息的呈现形式。诚然,在线评价的确使教师和学生感受到信息化数据处理的优势,但是目前在线评价还只是侧重于数据处理方面,大数据的整合只是停留在概念方面。部分在线教学平台与教学第一线的结合有脱节现象,存在着价值和理念把握不到位的情况,很多在线评价形式流于表面,评价功能的落地性较差。究其原因,主要是当前在线教学的多元评价形态还未形成,评价体系还不够完善;多数在线平台的推广点仍然集中在技术的创新和数据呈现方面;以在线做题作为主要的形态,为应试教育做准备的成分居多,在构建先进评价体系方面着力不多。此外,国内教学政策、总体思想层面对在线教学的评价指导性内容还不够细致,评价环节在在线教学全过程中的地位还不够突出,使得在线教学评价活动不能更好地深入开展。

(三)混合式教学在线评价缺乏科学性和有效性

几乎所有教学平台都把在线教学的流程数字化,把学生在线的实操数字化,最终在教学评价部分充分整理利用这些数据作为教学评价和教学决策直观的显示。例如,除了在线测试的成绩,学生的在线时长、参与讨论次数、做笔记数量等数据都被纳入在线评价的范畴。当然,教学平台所记录的很多信息都是有特定价值的,能为综合评价、发展性评价提供依据,但大数据的数字痕迹能否用于构建学习指标,或者它们能否有效地反映学习成果,这一关键性的问题尚未得到令人信服的回答。履行形成性评价的理念要求综合评价学生的学业表现，有了全面的数据也不一定能够得出科学的评价结论。要想得出科学的评价结论，还需要对数据进行有效的分析和使用。目前的在线评价缺少对情景和任务真实性的考查，还无法保证评价的科学性和有效性，最可能发生的错误是将"数据"等同于"评价"。此外，在线评价的实施仍然存在一些难点，如合作学习怎么体现、创造力和学科素养怎样评价、信息化环境下教师如何使用量规对学生进行评价等，这些都是目前在线评价存在的问题。

第四章　我国高校当前混合式教学模式革新研究

当前，互联网技术环境已经成为21世纪人们的基本生活环境，就信息化视角来说，人们逐渐使用互联网来展开教育模式的变革，这种变革在高校教学中的体现更为明显。在互联网教育背景下，高校教学更具有灵活性，也让学生提升了学习的积极性。本章主要基于慕课、微课、翻转课堂以及ADDIE模型、深度学习与混合式教学模式的结合探讨我国当前几个主要的混合式教学模式的革新研究。

第一节　与慕课结合的混合式教学模式

一、慕课模式

（一）慕课的内涵

慕课（MOOC）全称是Massive Open Online Course，根据中文的发音将其称为慕课，是伴随着信息技术发展及教育现代化发展出现的一种新型学习方式。因慕课是基于网络设备来开展学习的，所以，慕课也是在线教育发展的一个分支。学习者通过移动电子设备，在线上访问各大慕课平台资源，完成学习过程。慕课的理念是使世界各地的学习者都可接受高水平教育，学习者可以自由支配学习时间，同时，操作简单、使用便捷、学习成本低。

2008年，慕课首次问世。从2012年开始，Coursera、EDx和Udacity三大慕课平台在美国迅速发展起来，慕课这一先进的教学理念和学习方式开始在世界各地传播开来。[①]2013年，慕课在中国起步。当今，慕课是全球教育界的热点话题，对慕课的研究与实践也越来越多。

慕课教学与传统模式的比较如图4-1所示。

根据慕课教学的全程，解析如下：

Massive译为"大规模"。慕课平台的使用者来自世界各地，使用者可以不用受限于国家、地区、学历与年龄等因素去使用慕课进行学习，一些较为优秀的慕课平台通常拥有超过千万的注册用户。同时，各慕课平台也在持续发布优秀课程，涉及不同学科、不同学段和不同深度，课程总数持续增加。

---

① J. Reich. Rebooting MOOC research[J]. Science, 2015, 347 (6217): 34-35.

第四章 我国高校当前混合式教学模式革新研究

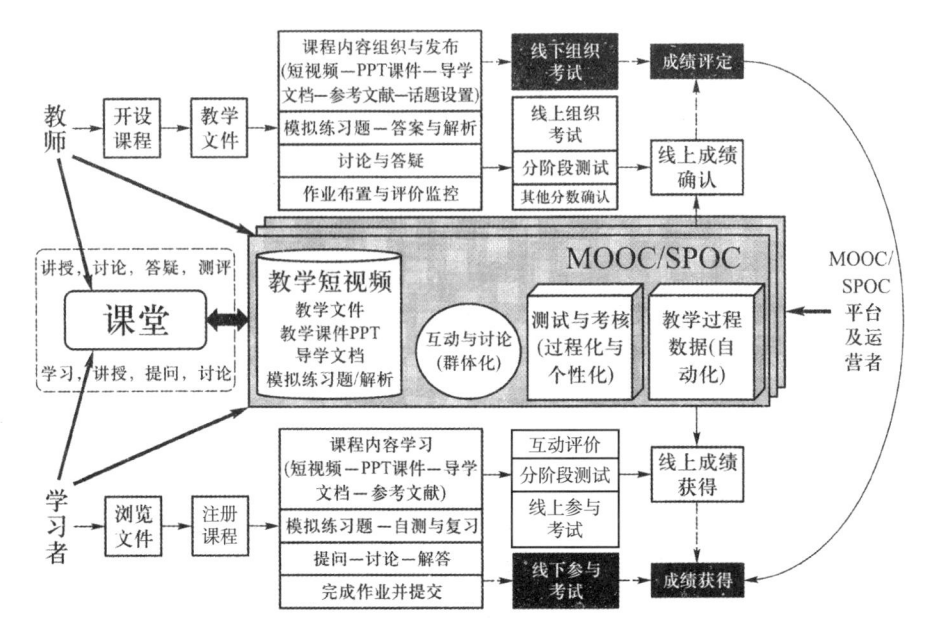

图4-1 慕课教学与传统课堂的比较

（资料来源：战德臣等，2018）

Open译为"开放性"。慕课对所有学习者开放，学习者只需通过互联网设备即可进行网上学习。各慕课平台不会对慕课学习者设限，完全颠覆了传统学校的入学方式，学习者想使用慕课进行学习可以不用考虑地区、年龄、学历和成绩等因素。绝大部分慕课平台全天开放且不收费用，对几乎所有的学习者都可以在平台进行注册、学习与参与讨论等。

Online译为"在线"。相较于传统的课堂学习，慕课是需要通过使用电脑、手机与平板等移动电子设备访问某一慕课平台网站，通过在平台中浏览学习资源和观看学习视频来完成学习。整个教与学的过程都在线上完成，学习者可以在任何时间与任何地点进行在线学习。

Course译为"课程"。同传统教学相似，课程学习是慕课学习的核心。慕课课程同样具有课程开始、课程结束、作业、考核、测试和课程评价等教学环节。慕课课程教学内容是系统的、完整的与有规划的。

从形式上说，慕课教学就是将教学制成数字化的资源，并通过互联网来教与学的一种开放环境。从本质上看，慕课教学是一种与传统课堂相对的课堂形式，因为其基于互联网环境而发送数字化资源，实施的是线上教学。学生完成了网上课程学习之后，通过在线测试，可以获得证书或证明。

（二）慕课的具体分类

慕课教学模式一般划分为两大类，一种是基于任务的慕课教学模式，另一种是基于内容的慕课教学模式，下面就对这两种模式展开论述。

1.基于任务的慕课教学模式

基于任务完成为主的慕课教学模式（图4-2）侧重于研究学生完成任务之后对知识与技能的获取情况。学习按照步骤开展，学生采用符合自身的学习方式，不受其他条件的约束和限制。通过对文本材料或录像材料等的阅读与观看，学生对学习成果予以共享，并通过音频、视频设计等将自己的某一项技能展现出来。这种就是以完成任务为主的慕课教学模式的体现，其对学习社区的研究也非常看重，因为社区是将学生学习案例与设计进行展现的地方，有助于学习内容的传递，其并不关注学生学习的结果，也不对学生展开评价。

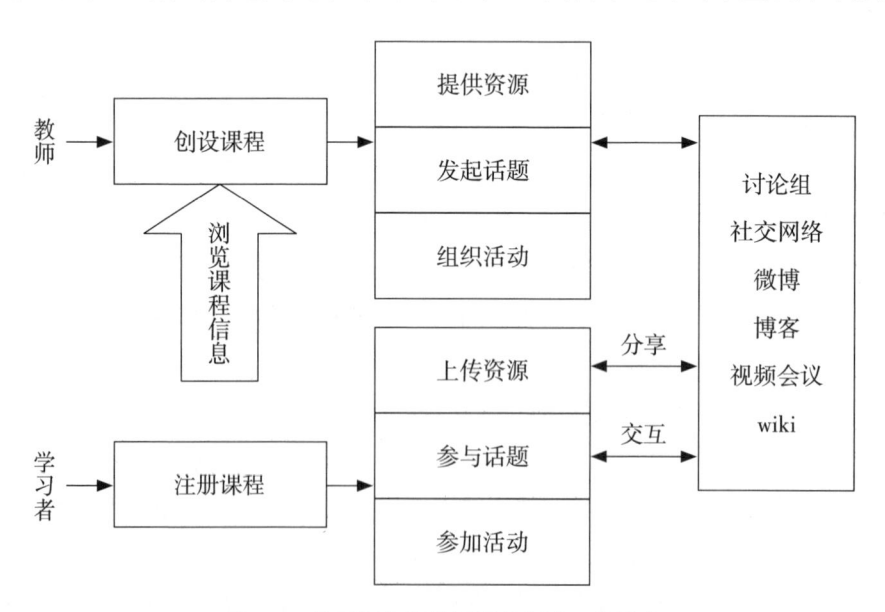

图4-2 基于任务的慕课课程设计开发模式

（资料来源：蔡先金等，2015）

2.基于内容的慕课教学模式

基于内容的慕课教学模式（图4-3）主要强调学生对内容的掌握，往往会通过总结性评价、形成性评价等形式，对学生的学习结果进行评价。当然，其对于学习社区也非常看重。

这一模式构建了很多名校的讲课视频，同时设置了专门的测试平台，学生可以免费学习，并获得证书。但综合来说，上述两种模式具有如下几点特征：

其一，慕课课程的设计与组织是基于网络建构的。

其二，慕课课程的设计不仅涉及课程资源、视频等，还涉及学习社区等。

其三，慕课视频时间一般为8～15分钟之内。

其四，学生可以自由选择慕课课程的学习内容。

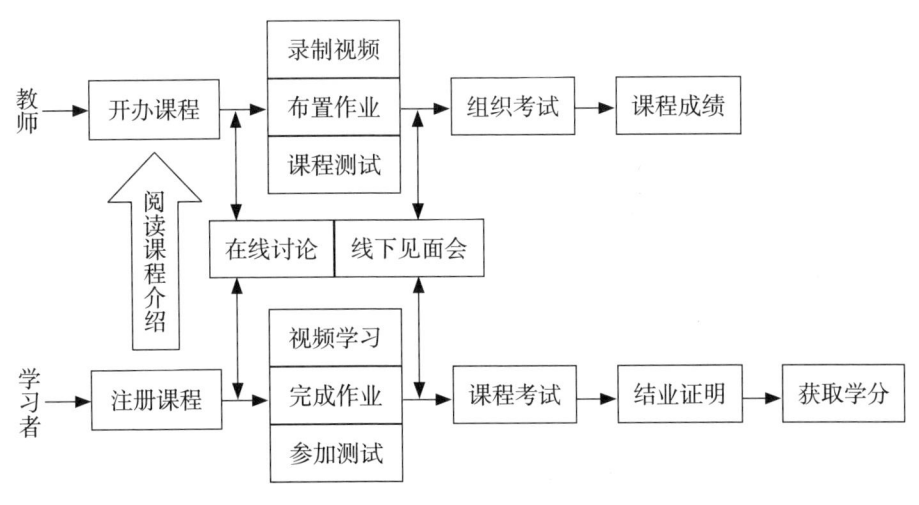

图4-3 基于内容的慕课课程设计开发模式

（资料来源：蔡先金等，2015）

其五，慕课课程的设计对象是大规模的，面向大多数学生，设置的学习目标也是多样化的。

其六，慕课课程的设计具有交互性，是开放的、不断创新的。

二、与慕课结合的混合式教学

（一）基于慕课的混合式教学的内涵

基于慕课的混合式教学起源于在线学习。在过去很长的一段时间里，在线教学与面对面的课堂教学保持着相互独立的关系。传统的课堂教学是以教师为中心的，教师需要在固定的时间里，在课堂上向学生传授知识，这种以师生面对面展开的传统教学方式便于教师有效地组织和监控整个学习过程，比较容易达到教学目的。基于互联网平台的在线学习摆脱了固定的地点和时间的限制，教师可以利用多元化的教学资源和图文并茂的多媒体技术来满足学生的学习需求，在整个学习过程中，学生的自主性得到充分的发挥，可以获得更加良好的学习体验，但师生之间缺乏面对面的情感交流，导致教师无法准确获得及时的信息反馈，很难做到针对性的讲解，无法做到因材施教。基于慕课的混合式教学将这两种教学方式有效地结合和互补，对学习资源进行整合和优化，在教学过程中充分发挥出学生的主体作用和教师的主导作用，从而提高教学效果。基于此，基于慕课的混合式教学就是指学生在课外以在线的方式去学习慕课等数字化资源，而在课堂内则是就这些资源的学习进行巩固提高而开展的教学。①

详细来说就是：课前，教师在教学平台上提供给学生与本节课程相关的优质慕课资源和相关学习资料，学生在线上自主进行慕课资源和相关资料的学习；课上，教师引领学生对疑难点展开辨析讨论，帮助学生解决在线学习过程中产生的疑难问题，并开展形式多样的小组活动，引导学生将所学知识

---

① 牟占生，董博杰. 基于慕课的混合式学习模式探究——以Coursera平台为例[J]. 现代教育技术，2014（5）：73-80.

外化；课后，教师加强与学生的沟通交流，及时帮助学生进行巩固，从而落实教学任务。

（二）基于慕课的混合式教学的主要特征

通过以上基于慕课的混合式教学相关概念的分析和界定，可以概括出基于慕课的混合式教学有如下几个方面的特征：

1. 时代性与传统性相统一

综观整个教育史，我们可以发现，每一次重大科学技术革新的同时都伴随着教学方面的巨大变革，这就是基于慕课的混合式教学时代性的体现。随着我国互联网技术的迅猛发展，各种线上教学资源层出不穷，促使我国的教育事业也在取得进步。移动技术和互联网的完美结合，将人类带入到了"移动互联网"时代，而慕课的出现无疑加快了这一步伐。当前，高校课程都属于与时俱进的课程，基于慕课的混合式教学是该课程与时俱进的集中体现，有利于实现教育和技术的完美结合。

基于慕课的混合式教学的在线学习阶段尽管采用在线学习慕课的方式来进行，但是这并不意味着传统课堂的优势不复存在，传统的课堂教学依然是高校教学的主渠道。在传统课堂中，高校教师可以捕捉到学生在学习过程中反馈出来的问题，及时进行调整，基于慕课的混合式教学便充分发挥了传统课堂的这一优势。

开展在线教学可以有效提升课堂效率，面对面的教学更能发挥高校教师的人格魅力。因此，将慕课和传统课堂融合在一起，统一于高校教学组织中，可以最大限度地发挥该教学的优势，提升高校教学质量。

2. 自主性与交互性相统一

基于慕课的混合式教学中，学生具有充分的自主性。基于慕课的混合式教学中的课前准备环节选择优质的高校慕课教学资源提供给学生，学生可以在各种非正式环境中进行学习。同时，慕课能够很好地适应每个学生学习情况的差异性，学生可以自由选择学习的时间和次数，对于不懂的知识可以进行反复观看。在课堂指导环节也比较自由，学生对自己弄不懂的问题可以选择和同学或者高校教师进行讨论交流，从而深化对知识的理解和感悟。

基于慕课的混合式教学是依托移动互联网技术发展起来的一种新型教学方式，具有交互性的特点，在其影响下的学生也日益呈现出交互的特征。在学习的过程中，学生可以与高校教师和其他同伴进行在线交流和互动，每个人都在影响他人，也在接受着来自他人的影响。比如，学生和高校教师可以就某个知识点进行各种讨论，不止局限于线下的课堂和小组，更可以将这种互动延伸到虚拟平台，只要想展开讨论，就可以在慕课网站上随时随地得到满足，而且这种互动不是一对一的单边互动，而是一对多的多边互动。在这种互动中，学生不断获得成就感，满足交流的欲望，增强学习的积极性，这对高校教学来说非常有益。

基于慕课的混合式教学可以很好地实现自主性和交互性的统一。一方面，充分利用慕课平台，可以使学生更加主动地开展自我学习，养成慎独自律的好习惯。另一方面，学生在自主学习中遇到的问题与难点也可以通过线上和线下的互动交流得到解决，使学生在一个最宽松的学习环境中获得成长。

3. 知识性与趣味性相统一

高校课程除了是一门具有价值性的课程之外，还是一门知识性的课程，要求高校教师通过知识教学培养学生掌握一定的知识技能。高校基于慕课的混合式教学在强调构建传递知识手段的同时更加强调回归知识本身。从知识的难易程度而言，高校课程的知识点比较容易掌握。但传统课堂上，高校教师的精力主要集中在讲授知识上，学生经常会感觉老师讲课太枯燥，或者认为所讲的知识"假大空"，从而对某一课程产生排斥心理。基于慕课的混合式教学比较好地解决了这一问题，它在特定的时间内讲解知识的含义，线下活动用于运用知识改变认知，从而使学生不断发现自己在知识上的欠缺，然后寻求改变和进步。

基于慕课的混合式教学更强调"快乐学习"，这就是趣味性的表现。相关研究表明，跟学习者进行频繁的互动可以使其保持注意力的持续专注，这一环节类似于问题链教学，将复杂的理论知识转化成一组环环相扣的问题链条，在帮助学生理解理论知识的同时提升学生的学习兴趣。同时，慕课教学借鉴了许多网络游戏的方式方法，上课的学生可以在游戏中相互对抗，通过游戏化的方式增强学习和练习题目的动力。

比如，在应用基于慕课的混合式教学开展高校教学时，课程中间设置了许多进阶性的问题或者测验，使学生有一种游戏闯关的感受，更能激发起学生的学习兴趣。生动的学习内容和有趣的学习体验相结合，基于慕课的混合式教学充分体现了知识性和趣味性的统一。该教学方式使学生以自己喜欢的方式掌握知识，从而完成学习任务和既定的教学目标，这充分体现了"快乐地掌握知识"的目标。

（三）基于慕课的混合式教学的开发与设计

影响基于慕课的混合式学习的一个重要因素是学习者的学习投入度，即学习者参与慕课学习，并渴望达到期望表现的精神能量与工作效率。衡量学习投入度的重要指标是学习行为投入，如观看课程视频的次数、论坛帖子的回帖数、参与课程的测验数量及完成学习任务的数量等。教师应重视基于慕课的混合式课程设计，为学习者提供充分的交流互动机会，使其获得归属感。

1.布置视频观看任务

教师在课前根据教学安排要求学生在慕课平台完成视频学习。平台对学生的视频观看情况自动记录，并提示学生课程学习的进度，平台的技术保障可督促学生完成视频观看任务。

2.开展讨论区互动

基于慕课的混合式学习的互动是为学习者提供机会，使其积极参与亲身实践的活动。中国大学 MOOC 平台提供了"讨论区"，其中课堂交流区的随堂讨论情况依据学生讨论的热度计入慕课成绩，教师可根据教学内容发帖与学生积极互动。除此之外，教师对答疑区的学生提问也给予及时回复，帮助学生解决慕课学习中的问题。

3.设计线上测验、练习和考试

学习者的自我评价应包含提供学习者自测的机会。根据教学内容，教师可设计类型丰富的客观题，让学生进行在线回答，由系统自动生成成绩。此外，教师还可以在慕课平台设置单元练习题，可以设置为学生互评的评价方式，即由学习者相互评价作业，学生参与学生互评能够激发其学习动机。为确保学生互评的评价质量，教师可以先设置训练题，并制订详细的评分标准。

4.补充文本文档

课程涉及较深入的专业知识，对部分学生难度较大。为辅助学生学习，基于慕课的混合式课程还提供了与各单元教学视频配套的 PDF 课件，学生在视频学习有困难时，可以参考课件。教师还提供拓展学习的文本资源，使学生进一步深化学习。

（四）基于慕课的混合式教学的应用策略

依据基于慕课的混合式教学的概念和主要特征，结合学科特点、教学内容、教学目标及本地区教学改革的实际情况，凝炼基于慕课的混合式教学方式应用的环节要求，主要包括教学目标的制订、教学过程的实施、教学评价的开展、教学反思的进行四个方面，从而使其在高校课程中的开展"有章可循"。

1.制订教学目标，彰显学生的自主性

基于慕课的混合式教学是以学生为中心的教学方式，注重"用户体验"[1]，所以，它的教学目标的制订要比其他教学方式更加突出学生的主体地位，一切都要紧紧围绕学生来进行。因此，基于慕课的混合式教学目标的制

---

[1] 沈欣忆, 吴健伟, 张艳霞, 李营, 马昱春. 慕课APP学习者在线学习行为和学习效果评价模型研究[J]. 中国远程教育, 2019（7）: 38-46+93.

第四章 我国高校当前混合式教学模式革新研究

订要根据学生的不同程度充分体现层次性，即课前的"基础知识"—课堂的"提升性知识"—课后的"拓展性知识"。课前目标要建立在学生现有的发展水平上，学生通过观看慕课资源自主学习，理解掌握难度较小；课堂上目标的实现是一个缩小学生"最近发展区"的过程，是"现有水平"向"潜在水平"的提升过程，通过小组合作学习与高校教师的指导，解答本节课的疑惑点；课后目标则是从"现有发展水平"到"潜在发展水平"的质变过程，注重于学生运用所学知识解决实际问题，是使学生逐渐形成积极价值观与道德情感的过程。总之，基于慕课的混合式教学目标要在深入了解学生实际水平和能力的基础上，深刻聚焦学生学科核心素养的形成。

2.实施教学过程，线上线下互补

基于慕课的混合式教学的开展需要遵循一定的逻辑体系。这里所说的逻辑体系主要包括课前准备阶段、课堂指导阶段和课后检测阶段三个环节。

（1）课前准备阶段

充足的课前准备活动是开展基于慕课的混合式教学的前提和基础，高校教师在进行基于慕课的混合式教学时要做好充足的准备，来激发学生已有的学习经验。因此，高校教师在课前准备阶段需要做到以下三点：

第一，提供合理且恰当的素材。基于慕课的混合式教学不同于传统的教学模式，对知识的传授并不是在课堂上完成的，而是在课前完成，是一种先学后教的模式，学生在走进课堂时，头脑里就已经有了一定的知识。因此，高校教师需要在上课前提供给学生学习的素材，如自己精心编制或者慕课平台上的教学视频和相配套的教学讲义，让学生自主学习。高校教师提供的学习素材必须是与下节课教学内容相关的视频或者文字材料，可以是完整的视频或材料，也可以是分阶段的视频或材料，但必须要按照从易到难的顺序编排或者发放给学生。

第二，布置清晰且明确的问题。"学而不思则罔，思而不学则殆"，高效的学习必须是学思结合的学习。高校教师在提供给学生学习素材的同时也要提供给学生与学习素材相关的问题，让学生一边思考一边学习。高校教师提出一些表述清晰、内容定位明确的问题能够让学生带着问题学习，在观看视频的过程中寻求问题的答案。同时，学思结合能够让学生进入到一种忘我的状态，全身心地投入到学习过程中去，一个问题的解决就代表着一个知识点的掌握，在解决问题的过程中极大地提高了学生的学习效率。

第三，选择合适的视频制作方式。高校课堂生态从传统的"粉笔—黑板"教学方式，开始逐渐过渡到多媒体教学模式，到目前为止，多媒体教学技术在高校教学中的应用已经十分成熟。得益于现代教育技术的发展和现代化教室的建设，高校生态课堂开始进一步向网络化形式发展。从目前几大慕课建设平台（国家中小学智慧教育平台、学堂在线、中国大学MOOC、华师慕课中心C20联盟等）上线的教学视频来看，视频制作可以归结为五类：自由拍摄法、录屏拍摄法、直播软件法、合成法以及混合编制法。这五类拍摄方法都有各自的优点和适用范围，高校教师需要根据教材模块内容和身边的支持设备进行选择，才能更好地制作出高水平的高校慕课教学视频。

（2）课堂指导阶段

基于慕课的混合式教学让学生通过在线慕课视频先行学习教学内容，并不意味着脱离教师指导而进行随意学习。学生的在线视频学习只是基于慕课的混合式教学的一个部分，另一个部分就是线下的课堂指导，学生在在线视频学习过程中产生的疑难问题，在这个环节要在教师的指导下进行解决。如果说充足的课前准备为基于慕课的混合式教学的开展起到了基础性的作用，那么要想使其更加出色出彩就得依靠高校教师的课堂指导。在课堂指导阶段要注意以下两个方面：

第一，创新导入，衔接线上线下。基于慕课的混合式教学的课堂指导阶段不同于以往的课堂，高校教师在这一阶段中扮演着主持人的角色。从课堂的整体性上来看，高校教师起到了引入、串联和总结的作用。在上课前的几分钟，高校教师需要对导入环节进行创新。创新导入可以根据高校教师的教学实践来选择。高校教师通过这种导入方法，一方面可以快速帮助学生回忆起在线慕课学习的内容，还可以调动学生的课堂积极性，消除课堂初始的沉闷氛围，营造融洽的课堂气氛；另一方面，寓教于乐，让学生在活动中体会到愉悦感，激发学生不断探索的活力。高校教师也可以利用自己擅长的方式调动课堂氛围，不必拘泥于单一的活动形式，对不同的教学内容选择合适的导入方式才能取得最佳效果。

第四章　我国高校当前混合式教学模式革新研究

第二，各抒己见，提高参与积极性。基于慕课的混合式教学的亮点在于学生的讨论交流，学生热情高涨地讨论和踊跃的发言是该教学成功开展的必要条件。为了调动学生积极参与讨论和发言，高校教师需要加以引导和刺激。高校教师对学生的回答内容要有所回应和包容，允许学生提出不同的观点或相反的观点，时刻注意讨论过程中的教学生成。此外，要突出学生不同观点之间的矛盾，利用矛盾进行进一步的讨论，把讨论推向白热化，吸引更多的学生抒发自己的观点。最后教师对学生的各个观点进行评价与总结。这样既能保证课堂上学生发言的自由，形成热情高涨的讨论氛围，也能保障课堂的秩序性。

（3）课后检测阶段

基于慕课的混合式教学的本质是以生为本，培养学生的自主学习能力。但是以生为本并不是意味着教师放弃对学生的监管，任由学生随意学习，而是要在教师的监管下，采用有利于充分发挥学生主观能动性的教学方式引导学生学习。高校教师需要采取一定措施对学生自主学习的效果进行检测，保障学生学习的高效性。如何保证学生在课后有条不紊地学习进而提高学习的效率，要从以下两方面入手：

第一，设置进阶作业，温故知新。在游戏中，为了增加难度经常会设置一些关卡阻挠玩家前进的脚步，玩家只有满足当前关卡的要求后才能通过，进入到后面的关卡，俗称"通关"。而基于慕课的混合式教学中的进阶作业就相当于游戏中的关卡，并且进阶作业的难度是逐渐递增的。学生在完成一个知识点的学习后必须得完成相应的进阶作业，通过由易到难的进阶作业来巩固和检测当前章节知识点的掌握程度。进阶作业通常为一系列测试题，学生答对题目则自动进入下一环节的学习，答错则会显示该题的知识点解析并且自动记录到错题中，学生可以返回重新学习该知识点，再进行相应的练习。高校教师通过后台可以看见学生进阶作业的正确率以及易错的题目，了解学习者的薄弱环节，并采取相应的复习巩固措施。

第二，定期在线检测，步步为营。在当前的教育制度下，基于慕课的混合式教学要想取得实效，必须要引入考试机制。引入考试，并不意味着向应试教育妥协，而是为了更好地帮助学生找出自身的不足。定期的在线检测，一方面能够让学生通过在线系统上考试分数的高低准确判断对该阶段知识的掌握程度，及时调整自身的学习状态，夯实基础，稳扎稳打。另一方面，高校教师也能够通过在线的考试数据掌握学生的学习状态，根据学生的整体状态制订相应的教学策略和探究方案，更好、更有效地开展基于慕课的混合式教学。

3.开展混合评价，力求全面真实

美国著名教育评价专家斯塔弗尔比姆曾强调："评价最重要的意图不是为了证明，而是为了改进。"[1]一节基于慕课的混合式教学应用的效果到底如何，需要通过科学的教学评价体系来衡量。由于基于慕课的混合式教学包含过程性评价和结果性评价的在线和线下两个环节，所以在开展教学评价时要力求全面和真实。

（1）基于学生"学"的评价

过程性评价：包括平台的登录次数、教学资源的浏览时长与次数、提出问题参与讨论的频率、在线测试的完成率与正确率以及课堂活动的参与度、课堂讨论的积极性等，如表4-1所示。评价主体有两方面：一是教师评价，即教师通过学习平台可视化教学数据来衡量，通过观察学生在课堂中的参与度、互动情况来衡量；二是生生互评，学生根据教师提供的评价标准对小组中的同伴进行评价。

结果性评价：以学生的期中或期末考试成绩为参考，评价学生掌握知识、技能的程度，检验学生的学业是否达到了教学目标的要求。教师填写学生报告手册，对学生做出全面、整体评价。

表4-1 基于慕课的混合式教学学生评价量表

评价指标	分值
生生互评	40
分组讨论时，与小组成员团结、协作，有组员发表看法，能够做到认真倾听，能够积极地表达自己的观点，气氛热烈，井然有序。	40
分组讨论时，可以与小组成员协作完成，气氛相对热烈。	30

---

[1] 瞿葆奎.教育学文集·教学评价[M].北京：人民教育出版社，1989：301.

第四章 我国高校当前混合式教学模式革新研究

评价指标	分值
分组讨论时，不能围绕主题进行讨论，跑题。	15
教师评价	60
单次在线学习时长超过45分钟、慕课资源浏览次数超过5次、学习过程中切换后台的次数几乎为0；课堂上积极参与讨论并能够解决疑惑；知识掌握牢固能运用于实践，线上作业正确率为80%且质量较高。	60
单次在线学习时长在30~45分钟之间、慕课资源浏览次数为3~5次、学习过程中偶尔切换后台；课堂上参与讨论并基本能够解决疑惑；知识基本掌握，一定程度上可以运用于实践，线上作业正确率60%。	50
单次在线学习时长不到30分钟、慕课资源浏览次数在3次以下、学习过程中切换后台的次数超过5次；课堂上参与讨论的积极性不高且不主动解决疑惑；知识未完全掌握且线上作业正确率60%以下。	35

（2）基于教师"教"的评价

过程性评价：包括教学资源的新颖度、教学环节的衔接度、课堂管理组织能力、教学媒体应用的熟练度、师生交互程度以及专业知识能力等。评价主体应是教师自评和他评相结合，在基于慕课的混合式教学之后教师要通过量化评价表进行自我反思总结，如表4-2所示，发扬优点，改进不足。同时，关注学生在基于慕课的混合式教学课后的反馈与评价，多邀请同行听课，听取他们的意见与建议。

结果性评价：教师自我进行期末工作总结，对基于慕课的混合式教学进行整体反思。将任教班级的期末成绩与平行班比较，通过成绩分析来评价基于慕课的混合式教学成效，同时，听取领导、专家对实施该教学的评价。

表4-2 基于慕课的混合式教学评价表

评价指标	评价要素	评价等级 A	B	C
教学目标	依据课程标准和教材的内容确定			
	彰显学生自主性，符合学生的心理特点和当前认知水平			
	明确具体，重点突出			
	关注知识、能力、情感态度价值观三个维度			

续表

评价指标	评价要素	评价等级 A	B	C
教学内容	内容正确、无知识性错误			
	重点突出、难点突破			
	联系生活和社会实际、慕课资源和信息化教学素材选取典型、恰当			
教学方法和手段	基于慕课的混合式教学灵活应用			
	善于启发诱导，注意情境创设，调动学生学习的积极性			
	根据学生实际指导学法，善于引导学生自主、合作、探究学习，激发学生的学习兴趣			
	能够正确而充分地利用多种教学手段辅助教学			
教学过程	思路清晰，教学围绕既定的教学任务和目标			
	课程结构安排合理，教学步骤清楚，线上线下衔接得当			
	注意调动学生参与讨论互动的积极性，课堂气氛和谐			
	时间安排得当，圆满完成教学任务			
教师素养	语言、板书、教态等基本功扎实，教学技能运用得当			
	具有真诚、热情、民主、平等等教师专业品质			
	善于沟通，与学生平等交流			
学生表现	精力集中，情绪饱满，学习积极性和主动性强			
	思维积极，讨论热烈，发言踊跃，积极参与教学			
	目标达成度高，学生在原有基础上都有不同程度的提高			
总评等级				
总评意见	教学的优点及缺点： 改进意见：			

4.进行教学反思，弥补教学短板

高校教师用批判的眼光审视、分析自己的教学过程，认真记录反思后的感悟，并对其进行概括和总结，从而使教学经验理论化，有利于促进高校教师以后教学工作的有效开展。基于慕课的混合式教学在高校课程中应用的反思主要包括以下几方面的内容：

一是反思教学目标。反思教学目标的制订是否充分体现了以学生为中心、是否是在三维目标的基础上帮助培养学生的学科核心素养。

二是反思教学内容。反思教学任务的确立是否依据了教材内容和学生的认知规律，反思问题的设置是否能够有效激发学生的思考，反思所选用的慕课教学资源、相关学习资料是否符合高中生的实际需求、是否完成了"跟着感觉走"到真正意识培养的转变等，由浅入深，循序渐进。

三是反思教学过程。反思课堂互动环节是否可以有效提高学生的学习效率，反思基于慕课的混合式教学在高校课程中的应用是否有一定的创新，是否能更好地体现学生的主体地位、发挥学生的创造性，反思教学手段的应用是否依据教学内容和师生的情况而定、是否能够与基于慕课的混合式教学方式较好地配合应用，反思教学过程中语言的科学性、准确性和逻辑性。

四是反思课堂管理。由于基于慕课的混合式教学总体上包含了线上和线下两个环节，教师要反思线上学习环节自己的安排是否合理，线下环节学生的积极性是否得到调动等。

第二节　与微课结合的混合式教学模式

一、微课模式

（一）微课的内涵

在学校教育中微课可以是教师课堂中的辅助性教学资源，在"社会课堂"中，微课又是学习者自主学习的学习资源。当下的微课以一种全新的教育形式、可观的教学成果取得了广泛的关注和良好的发展前景。作为社会发展研究和教育改革的一个讨论焦点，许多研究者对微课的概念进行了分析、诠释，鉴于目前的研究成果，对于"微课"这个概念还没有形成一致的定义。

华南师范大学硕士研究生导师、微课创始人胡铁生将微课进行了三个阶段的阐释，回答了不同阶段下"什么是微课？"即对微课进行了三次定义[1]；北京师范大学未来教育高精尖创新中心执行主任余胜泉等学者将微课定义为一个具有完整结构的课程系统，这个系统除了微课教学视频以外，还囊括了教学活动过程、教学评价、教学反馈以及一系列的教学服务；[2]华南师范大学教育技术学系教授焦建利指出，微课是一个短小精悍的网络课程视频，视频课程通常围绕着某个知识点或是一个概念，特别注重于对学习者知识点的运用能力与思维迁移能力的训练；[3]上海师范大学教授、博士生导师黎加厚认为，微课应是指一个整体时间在十几分钟之内、具有清晰的课程目标、内容短小精悍的微型课程。[4]

不管何种课程、哪种课堂组织形态的教学，都能够实现从传统教学形态到微课形态的过渡，而其中作为核心组成元素的教学视频，又因为集合了图形、音频、文本、动画等各种视觉显示技术与手段，可以从视听等多种感觉途径共同作用于人的头脑中，产生效果优于传统只具有单通道作用的教育资源。所以，微课是以时长短、内容少、知识点清楚、教学效果突出的教学视频作为核心组成及教学信息载体，以某个知识点、概念或教育环节作为内容，同时又将课程设计、教学课件、教学素材、课堂点评材料、课堂反馈等辅助性的教学资源融入内容，构建网络学习平台实施教学

---

[1] 胡铁生，黄晓燕，李民. 我国微课发展的三阶段及其启示[J]. 远程教育杂志，2013（4）：15-18.

[2] 余胜泉，陈敏. 基于学习元平台的微课设计[J]. 开放教育研究，2014，20（1）：100-110.

[3] 焦建利. 微课及其应用与影响[J]. 中小学信息技术教育，2013（4）：15-16.

[4] 黎加厚. 微课的含义与发展[J]. 中小学信息技术教育，2013（4）：12-14.

第四章　我国高校当前混合式教学模式革新研究

活动的一种课程。

上述众多学者的概念是非常具有针对性的，在一定程度上将微课的特征反映出来。本书对于胡铁生的定义更为推崇，从本质上说，微课是一种支持教与学的微型课程。

（二）微课的具体模式

当前，在微课教学中，有几种模式是非常常见的。下面这几种模式的构成要素有着较大的差异，但是各有各的特点与应用范围，下面就对这几种模式展开详细的论述。

1.非常4+1微课资源结构模式

这种模式在教育部组织的全国高校微课教学比赛中是极力推崇与倡导的，该模式主要由以下五个要素组成，具体如图4-4所示。

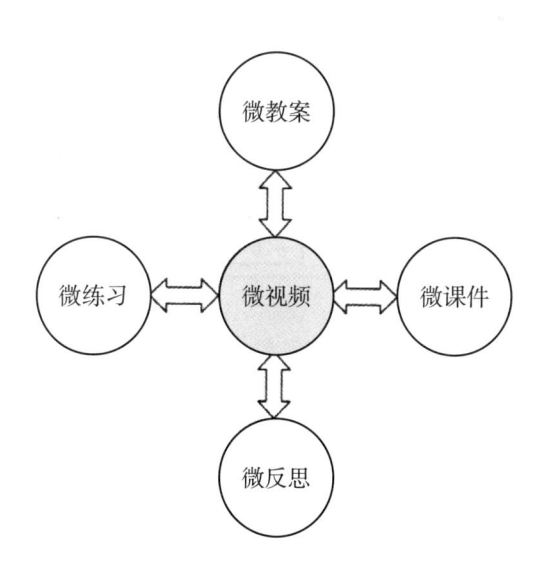

图4-4　非常4+1微课资源结构模式

（资料来源：王亚盛、丛迎九，2015）

在图4-4中，"1"代表的是微视频，占据着核心的地位，是核心的教学资源，其他四项包含微教案、微课件、微练习、微反思是围绕这一核心建立起来的，并配合这一核心完成教学过程的构建。因此，"4"是指与微视频关系最为密切并与之配套的四种资源，即微教案、微课件、微练习、微反思。这一模式的结构非常简单，但是适用性强，对于那些独立的、内容简单的微课设计具有较大的借鉴意义。

2.可汗学院微课教学模式

这一教学模式是非常独特的微课教学模式，其建设成本较高，但是适用面是非常广泛的，具体如图4-5所示。

在这一微课教学模式中，教学设计者、教师、学生三者之间相互促进，但又是相对独立的。可汗学院主要将对教学设计的工作完成作为主要目标，合作学校的教师应用可汗学院的微课视频和练习等作为自己的教学资源，组织学生展开自主学习。同时，也组织学生在课内展开翻转课堂教学。

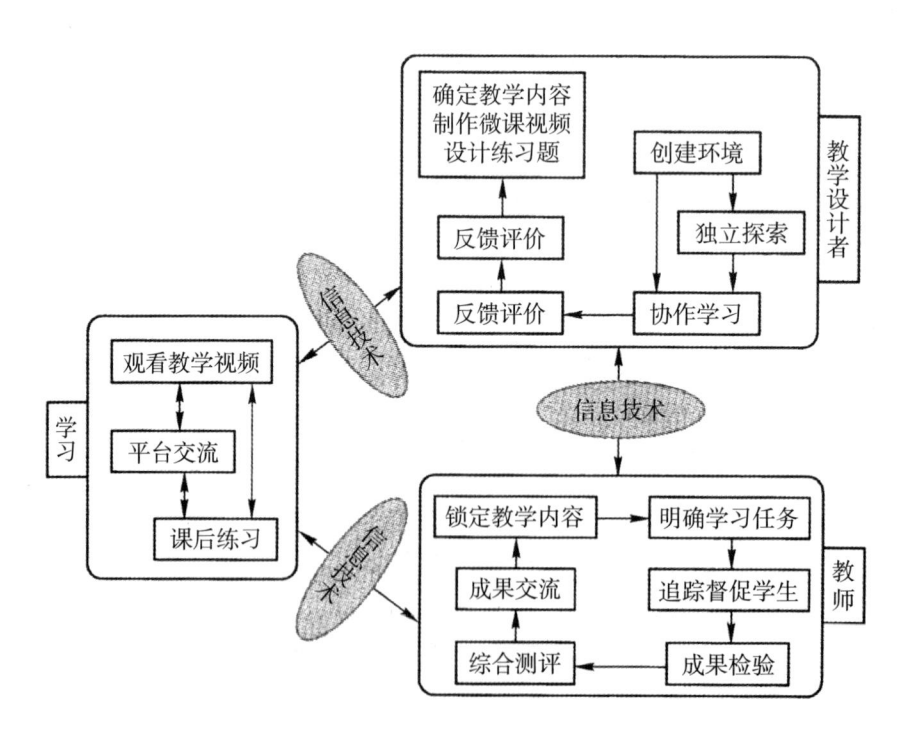

图4-5 可汗学院微课教学模式

（资料来源：王亚盛、丛迎九，2015）

第四章 我国高校当前混合式教学模式革新研究

这一微课教学模式有如下几点特征：

第一，可汗学院本身并不存在翻转课堂教学模式。

第二，可汗学院与学校是独立的实体。

第三，可汗学院属于一种在线教育。

第四，可汗学院对于知识的传授非常看重。

第五，可汗学院的教学很难实现人才综合发展目标。

第六，可汗学院很难提升学生的综合能力。

3. "111" 微课内容构建模式

这一微课教学模式是指在每一集的微课设计中，注重把握好这三个"1"的教学环节，结构模式如图4-6所示。

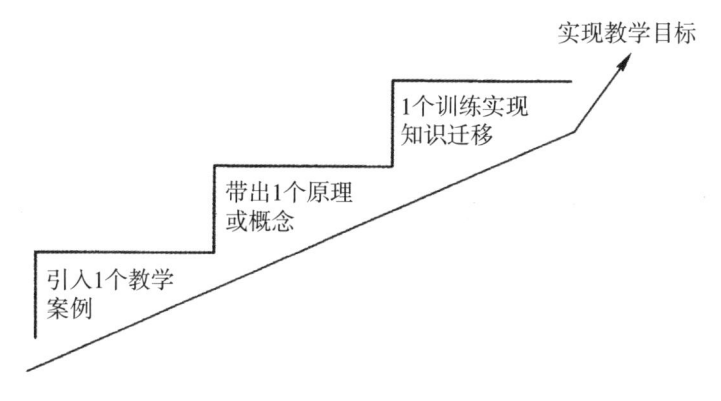

图4-6 111微课内容构建模式

（资料来源：王亚盛、丛迎九，2015）

第一个"1"指的是用1个案例将教学情境引入，在教学中最好使用一些行业的适用案例进行导入，这样能够让学生明确学习的意义和价值，也能引起学生学习的兴趣和积极性。

第二个"1"指的是通过前面的导入，引出一个本集微课需要学习的知识点，通过导入案例，对知识的理解加以强化。导入案例与知识点的关系要保证是密切、自然的，如果是勉强地引出或者关联性不强，那么会导致结果不佳。

第三个"1"指的是微视频结束之后，利用1个总结、测试操作，实现知识的内化与迁移，从而保证学生能够形成自己的能力。

教学案例应该确保知识点明确。三个"1"所包含的内容应该要环环紧扣，使学生能够自然地实现知识的内化。

4. "123"微课程教学运作模式

通过微课、微课程、慕课、翻转课堂等模式的研究，并考虑现在国内外中小学等的学习情况，构建了一种如图4-7所示的教学模式。

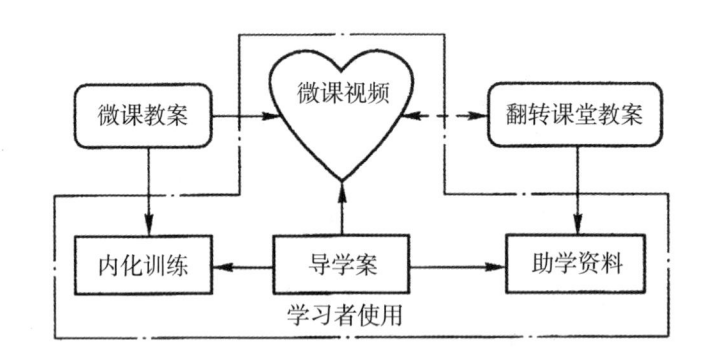

图4-7　123微课程教学运作模式

（资料来源：王亚盛、丛迎九，2015）

这里的"1"指代教学活动应该以微课程为中心。一般情况下，一门微课程中包含20～30集微课，那么这20～30集微课视频就可以称为一组。

这里的"2"指代教师根据两套教案。对微课程进行组织的教学活动。其中，以微课教案来组织微课视频设计，以翻转课堂教案组织具体的学习内容、课程结束之后学生的自主学习等。

这里的"3"指代学生根据三组资料展开自主学习，从而提升学习的效果。其中，导学案指导学生课前学习、课中学习与课后学习；助学资料指导学生创新与探索，解决学习中的疑难问题；内化训练包含微课平台中进阶式的训练与检测，还包含一些创新课题研究等，从而便于知识的内化

第四章　我国高校当前混合式教学模式革新研究

与迁移。

这一教学模式具备如下三个特点：

（1）运行模式分别考虑到教师和学生两大主体的活动内容和关联要求，使微课程教学运行有机统一，不会产生割裂。

（2）两个教案均以微课视频为核心且各有侧重点和目的性，构建了一个微课程的系统性、完整性教学方案。

（3）指导学生自主、有序和科学地进行学习的三组教学资料密切配合，使不同基础的学生都能得到相应的支持和帮助，减少因学习差距引起的恶性循环，促进全体学生基本上能同步提高学习成绩。

（三）微课的基本特点

1.时间较短

听众在获取他人给出的信息时，获取效果主要看注意力。若注意力较高且集中性强，则获取信息的效果也就越好。但是，在实际获取信息的过程中，人的注意力很难一直集中，高度注意的时间往往是有限的。

传统课堂的授课时间是 45 分钟，学生很容易产生倦怠、走神的情况。微课通常不超过10分钟，这样就可以使学习者在使用微课过程中保持高度注意，全神贯注地进行学习，从而提高学习者的学习效率。

2.主题明确

每节课的三维教学目标中，每个维度需要达到至少两到三个教学目标。但在实施教学的过程中，容易出现因前期分析不足或随堂变化导致的内容改变，进而影响学生对内容的掌握。在微课辅助教学的过程中，由于微课时长的限制，在内容的选取上需要聚焦到某个知识点、某些习题，甚至小到某个字词或语句的讲解。

3.设计精练

虽然微课教学时间短，但是微课的教学环节仍然要参照传统课堂，该有的环节都不能少。因此，短时间内，对于微课的教学设计要更加精练、精彩，要尽可能地具有创意、形象生动，能够抓住学习者的眼球。例如，教学设计中的导入环节：在传统课堂中，可预留约5分钟的时间，通过视频、故事等吸引学生关注，方式丰富，时间充足。但在微课辅助教学的过程中，由于时长限制，导入环节一般要求不可超过2分钟。因此，导入设计需要更具吸引力，让学生在最短的时间内进入学习状态，进入所设置的教学情景中。

4.资源浓缩

由于微课教学时间较短，因此需要把所有的教学资源包括PPT、视频、动画、几何画板等，都浓缩到不足10分钟的视频里。不足10分钟的微课视频中，浓缩了很多教学资源。同时，浓缩后的教学资源更方便在手机、平板等移动终端上学习，QQ、微信小程序等应用端进行共享，加快了微课的传输，有利于不同平台之间的交互。

5.使用方便

观看并学习微课的方法有很多。像中国微课网、华东慕课网等，学习者使用手机号、邮箱、QQ号或者微信号注册个人信息后，就可以登录该网站，并根据目录、菜单等观看微课视频进行学习。同时，近几年，由于微课的应用逐渐广泛起来，因此除了专门的微课网站之外，有很多播放视频软件，如爱奇艺、腾讯视频、优酷视频等也会收集相关的微课资源。学生可以使用智能终端搜索观看，甚至有些还支持免费下载。成功下载后，学生也可以在没有网络的环境下观看和学习。

（四）微课的理论依据

1.认知负荷理论

认知负荷学说由澳大利亚新南威尔士大学教授约翰·塞勒（John Sweller）首先提出，他指出教学的首要功能是在长时记忆中贮存信息。[①]该学

---

① 陈巧芬. 认知负荷理论及其发展[J]. 现代教育技术，2007（9）：17–19.

第四章　我国高校当前混合式教学模式革新研究

说提出包括内部、外部、关联三类认知负荷,其中外部和关联认知负荷深受教师的直接影响,这一理论为课堂教学提供了几个准则:教师在课堂教学中注意调控认知负荷的总量,不能过低或者过高。当教学内容太简单时就会造成学习者认知负荷过低,导致课堂时间的浪费,但当教学内容过多或过复杂时则会造成学习者认知负荷过高,妨碍对知识点的掌握,学习者也会出现注意力转移的现象。一般当课堂教学时间过长或内容太多,就会造成学习者认知负荷增加,这时候学习者的注意力也会转移,进而导致学习效果不佳。微课的持续时间通常限制在5~10分钟,持续时间较短,可以保证学习者注意力的集中。同时,微课教学内容通常是围绕着某个主题或知识点进行的,因此每一节微课的知识点都在学生可以承受的范畴以内,不会超过学生的认知负荷。

2.掌握学习理论

美国著名的心理学家、教育家布鲁姆提倡掌握学习理论,并相信学习者之间是具有智力差别的,但只要给予适当的教学以及足够的时间(经常及时的反馈),多数学生都能够对教学目标达到掌握的程度。[①]他将学习的实施过程分为以下几个阶段:集体学习—形成性测验—矫正学习—再次测验,其中第一次测验达标未达到掌握程度(完成度低于80%)的学生进行矫正学习。但现在的教学过程中为了实现教学进度的统一,教师很难有足够的时间对未达标的学生进行个别辅导。而微课却不同,微课内容针对的是一个主题或知识点,学生依据自身的实际情况,自主选择所需微课视频并进行反复观看,直到达到掌握的程度,最终提高自己的学业水平。

3.人本主义学习理论

人本主义学习理论指出:学习者通过掌握知识、运用技能和发展智慧,并探索自身的情感,通过学习与老师和班集体成员之间的互动,并明确自身的道德价值观与心态,从而使自身的潜力得到实现的过程即为学习的实

---

① 朱城城. 布鲁姆的掌握学习理论之我见[J]. 现代职业教育,2017(1):92-93.

质。①美国心理学家马斯洛作为人本主义的代表，他的观点大致可以总结如下：每一位学生都拥有学习的自主能力，有权选择自己是否学习、掌握哪些知识，教师无法强迫其学习。人本主义还提倡要以学生为中心，遵循自由学习原则。高等学校的学生，有其自身特有的品质。传统的教学方式，老师往往很难顾及不同层次学生的学习状况，总是按照一个统一的教学规范来完成课程设计，从而导致多数学生对学习丧失兴趣，也大大影响了教学效果。

不同的学习者对知识的理解掌握能力不同，每个学习者对不同科目的学习所达到的效果也不同，而在高校这种情况更加突出。微课的存在，能够便于学习者的课前预习与课后复习，尤其是基础知识较差的学习者，能够反复地浏览视频资料。此外，使用微课能够让更多的学习者选择性地掌握知识，以此推动其个人品质的发展。

4.建构主义理论

建构主义理论指出：学习者在掌握知识的全过程中并非被动进行的，而只是通过特定的情景，借助自己的认知实现了对知识的自主建构，是在已掌握知识上的"再造"或"再创"流程。在日常教学过程中，学习者对新知识的构建是通过"同化""顺应"两种方式进行的。②在传统的课堂中，注重的是以教材为主导，采取讲授法开展课堂，填鸭式教学模式下学习者只能被动接受知识，教师难以创造生动有趣的，以及与日常生活密切连接的情景，这不利于学习者对新知识点的掌握及意义建构。与传统课堂不同，在教学过程中，建构主义始终"以学习者为中心"，重视情境的搭建。

采用微课教学，学习者可以利用现代网络手段便捷地获得课堂资源，并自主学习，进而实现对知识的意义建构。在课程教学中融入微课，教师所扮演的角色为"主导者"，而学习者为主体，学习者的主体性得到充分发挥，学习者不再被动接受知识。同时，微课的内容通常都是在现实生活和现实社会情景中形成的，有助于学习者运用所学到的知识处理在实践中出现的问题。

① 张大均. 教育心理学（第二版）[M]. 北京：人民教学出版社，2004：67-67.
② 刘新英. 中学数学微课程设计与应用研究[D]. 上海：上海师范大学，2013：10-11.

二、与微课结合的混合式教学

（一）基于微课的混合式教学的内涵

基于微课的混合式教学模式，即融课内与课外、线上线下、正式教学与非正式教学为一体的混合式教学模式。教师以微课为载体，开展项目学习及丰富多彩的课堂教学活动，学习者历经目标制订、自主学习、合作研究、结果呈现和互动反馈过程。该教学模式突破了传统的填鸭式知识灌输和枯燥的理论知识介绍的传统教学方法，在确保知识系统完整性的同时，积极引导学习者参与，增进交流，以此提高课堂教学的先进性、趣味性。

（二）基于微课的混合式教学的开发与设计

1.课前准备工作

在开展高校微课混合式教学模式时，相关教师要全面地分析教学的对象、内容及环境等，熟悉即将使用的多媒体设备，有针对性地设计课程内容。教师要掌握每个学生的基础水平，组织开展学习座谈会，明确学生的内心想法和对学习的方向等，以便在应用微课教学时能充分发挥自身的优势。

此外，在高校混合式教学中应用微课教学能改进传统教学中存在的问题，提升学生的视听学习体验，加强课堂的互动交流，激发学生对学习的兴趣，让其在更短的时间内掌握更多的知识，学生也能通过教师的引导分析、解决学习中的问题。在以上教学过程中教师要重视课程的设计，如教学设计、微课制作等，逐步探索高校教学的形式和内容，促进高校课堂朝着智能化、多元化的方向发展。

2.线上教学延伸

线上教学是线下教学模式的一种延伸，可以有效地提升生生和师生之间的配合，促使其共同完成教学任务，如在教学中教师可以将提前制作好的视频上传到相应的聊天平台,在学生观看后为其发放教学任务,学生在学习中可以及时地和教师沟通,反馈自己在学习中遇到的难题,教师也能及时地给予回答,并根据学生的阶段性学习情况进行归纳整理,调整线上教学存在的问题。此外,在开展线上教学时教师也能通过设计的任务追踪学生的学习进度,掌握学生的动态。

3.线下教学巩固

微课线下教学相比传统教学来说其自身具有较强的灵活变动性,在学习中学生可以通过线上视频的多次观看巩固学习过的知识,同时,通过教师的带领明确课程的重难点,加强和同学之间的沟通交流。在设计微课课后的内容时,教师要根据学生的不同选择其能够接受的题目,加强知识的横纵向延伸,扩展专业知识内容,提升学生的学习兴趣,在之后的微课实践中教师也可以通过演示的方式强化学生对知识点的整理和归纳。

4.教学评价反馈

在微课教学结束后教师要对教学进行反馈,如目前我国大多数高校教学的成绩评定都是以总结性评价为主,具体来说学生平时考试成绩和期末考试成绩各占据40%,平时的表现为20%,此类方式虽表面上看提升了学生的积极性,但深入分析即可发现其中还涵盖了传统的应试教育思想,过于重视成绩,忽视了学生日常表现和对学习兴趣的考核,无法全面地体现出学生的水平。所以,教师要转变思想,在高校教学中重视学生的日常表现和个人道德素养,同时,要根据混合式教学模式的本质将学生的线上作业完成度和线下作业完成度进行对比参考,合理分配点评的百分比,以此促进微课的长远发展。

(三)基于微课的混合式教学的应用策略

在高校教学中推广基于微课的混合式教学模式,对提升学生的自主学习能力有很大的帮助。这种新的教学模式能够充分调动学生的主观能动性,使学生积极主动投入到课堂学习中去,提高自主学习能力。

第四章　我国高校当前混合式教学模式革新研究

1.要重视课堂教学设计

在设计课堂教学的过程中，教师要重视融入课堂教学活动，为学生营造互动式教学氛围，使学生的互动体验感更加强烈。在基于微课的混合式教学模式下，课外课内学习、线上线下学习等学习方式得到了有机结合，这种新的教学模式充分激发了学生的学习热情，使他们主动投入学习中去。基于微课的混合式教学模式，其核心内容在于教学视频的制作，它包含与教学内容紧密联系的教学设计、课件素材、教学反馈等辅助教学资源。教师要依据微课的不同类型选择精心设计的典型教学案例，以更加灵活的设计方式组织教学活动，以此来促进学生创造性和发散性思维的发展。

2.要转变教师的教学观念

要摆脱传统教学的陈旧观念，不断提高教师自身的教学素质，凸显教师的主导地位，以学生为中心，不断为他们的学习能力提升出谋划策。

首先，在教学过程中，教师要善于营造良好的学习环境，帮助学生形成自主学习能力。可以借助各种教学实践，增强课堂互动，吸引学生的关注，激发学生的学习兴趣，使他们主动积极地加入课堂互动。对于学生预习时疑惑的问题、教学重难点或有思维深度的话题等，教师可以引导学生以小组形式进行合作探究并进行课堂展示。

其次，教师应积极探索有关自主学习的观念、理论，让自己的专业素养保持与时俱进。在教学过程中，教师要懂得引导学生，通过层层递进，使学生逐步掌握学习策略。鼓励学生在学习过程中使用学习策略，并不断实践、总结完善，从而提升自身学习的自主性。

3.激发学生对于基于微课的混合式学习的兴趣，培养自主学习的意识

随着现代教育理论向以学生为中心的方向发展，教师在课堂中的主导作用逐渐弱化，但教师应该发挥自身的监督作用，调动学生的积极性，在旁监督并且做出一些引导，为学生答疑解惑，只有这样才能实现教学效果的最大化。在教学中，教师要不断引导学生树立正确的学习态度，让他们认识到，学习是一种自主的探索。教师要通过与学生的沟通，发现并分析其自学过程中存在的问题，针对学习中存在依赖心理的学生，教师可以通过组建互助团

体帮助他们克服依赖心理，使他们逐渐从学习中独立，并得到发展。与此同时，积极开展同伴互评活动，通过学生间相互激励的方式使其体验独立学习、自主学习的成就感。

第三节 与翻转课堂结合的混合式教学模式

一、翻转课堂教学模式

（一）翻转课堂的内涵

翻转课堂一般被理解为课前、课堂学习任务和教学状态的改变，课前从自由安排时间转变为自主学习教学内容，课堂从教师讲授转变为学生讨论、分享观点和师生共同总结。[1]翻转课堂模式的意义是提高学生学习的高度和深度。[2]翻转课堂的特征是改变课前、课堂的时间安排和活动组织形式。翻转课堂的内涵是少教多学，充分利用课前学习时间完成基础知识的吸收理解，提高课堂效率，鼓励学生沟通交流，促进知识主动建构内化。

在实施翻转课堂模式教学前，借助信息技术将基础、重要的学习内容转换为视频讲解录制的形式，并且将其发送给学生，视频长度一般控制在20分钟以内，因此这种视频被称为"微视频"。与传统的教学模式相比，在课前学生自主学习"微视频"中的基础知识和重点内容，提高学生学习的主动

---

[1] 钟启泉. 课堂转型[M]. 上海：华东师范大学出版社，2017：9-16.
[2] [美]Jonathan Bergmann. 翻转课堂与深度学习：人工智能时代，以学生为中心的智慧教学[M]. 杨洋译. 北京：中国青年出版社，2018：25-27.

性；在课上教师讲授的时间减少，更多的时间留给学生自由讨论和分组交流，增强师生、生生之间的互动性。因此，"微视频"是保证翻转课堂有效性的重要前提。

（二）翻转课堂的教学流程

翻转课堂模式是一种线上教学与线下教学相结合的教学模式。在课前环节，教师需要提前制作教学视频，设计课前自主学习任务清单，并且上传到教学平台，学生则根据教师发布的任务清单对教学视频进行自主学习；在课中环节，教师先解答学生在课前学习中遇到的问题，然后组织形式多样的课堂活动来完成课堂操练，学生分组学习，形成师生、生生互动，配合老师完成操练；在课后环节，教师对教学视频以及课堂活动的设置进行自我反思和总结，优化教学资源，学生对所学知识进行梳理的同时，及时向教师反馈，提出合理的建议。结合翻转课堂模式的界定，下面设计出具体的翻转课堂模式流程图，具体内容见图4-8。

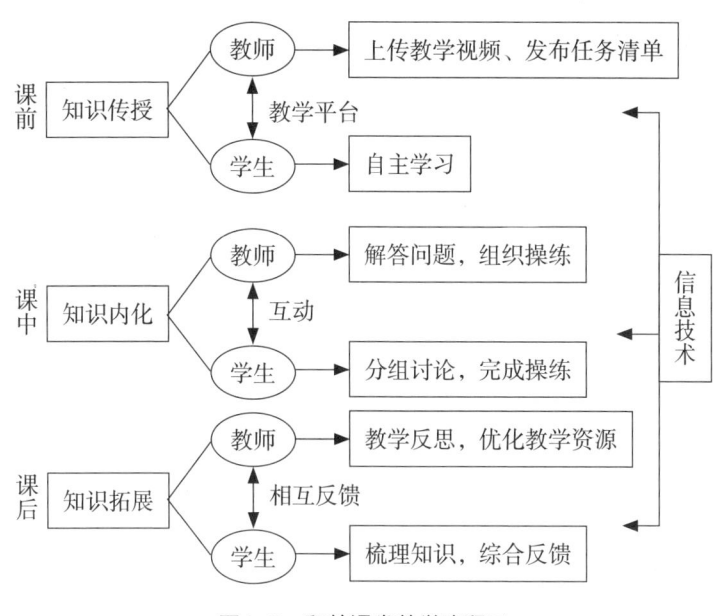

图4-8 翻转课堂教学流程图

（资料来源：孙慧敏、李晓文，2018）

在新冠肺炎疫情的背景下，翻转课堂模式的课中环节不得不由线下转到线上教学，这就形成了"课前录播异步自学+在线直播同步操练+课后师生共同反思"的教学结构。其变化主要体现在课中操练环节通过在线直播课的形式实现，师生、生生之间的互动探究都需要通过网络实现。

（三）翻转课堂的理论依据

掌握学习理论、学习金字塔理论等，从认知观、学习观等角度出发，对翻转课堂教学的实施提供了理论指导，也印证了翻转课堂在实施过程中对学生学习成果与多元发展的促进价值。

1.掌握学习理论

"掌握学习"指的是学生基于足够的时间与最佳的学习条件，对学习材料进行掌握的一种学习方式。这一理论源自20世纪60年代美国北卡罗里那高校的约·卡罗尔。在卡罗尔看来，学生的学习有的快有的慢，但是只要给予他们充足的时间，那么每一位学生都可以掌握学习内容。

之后，芝加哥高校心理学家本杰明·S.布鲁姆（B. S. Bloom）基于卡罗尔的理论，提出了"掌握学习"教学法。[1]这一理论对后期的教学模式改革提供了帮助。

在布鲁姆看来，掌握学习这一策略非常有效，其核心思想在于强调学生之所以未获得优异成绩的根源不在于智力，而在于他们未能获得充足的时间与教学帮助。因此，如果学生能够得到教师和其他学生的帮助，并能够与个别需要相适应，那么他们就可以达到对学习内容掌握的水平。[2]

根据布鲁姆的研究可知，如果采用上述方式，80%的学生可以掌握80%的内容，这就超越了实际的教学效果，可以提升教学的质量和水平，还有助于学生破除分数观念，帮助学生掌握规定的内容。

---

[1] Bloom, B. S. Learning for mastery[J]. *Evaluation Comment*, 1968（1）: 1–12.
[2] 布鲁姆等. 教育评价[M]. 邱渊等译. 上海：华东师范大学出版社，1987: 4.

2.学习金字塔理论

美国学者埃德加·戴尔（Edgar Dale，1946）率先提出"学习金字塔（Cone of Learning）"理论，它用数字形式形象地显示了学生采用不同的学习方式在两周以后还能记住的内容多少（平均学习保持率），如图4-9所示。[①]

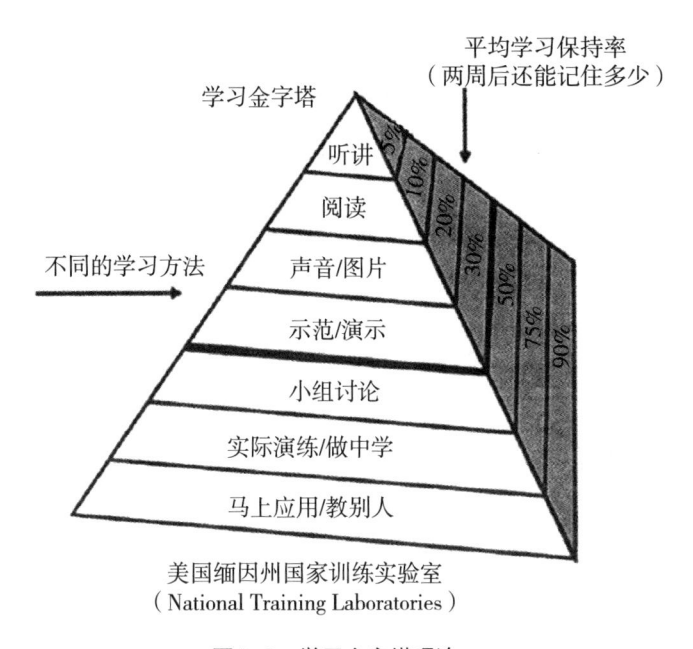

图4-9 学习金字塔理论

（资料来源：孙慧敏、李晓文，2018）

由图4-9可以看出，不同的学习方法达到的学习效果不同，研究表明在两周之后，学生对知识的保持率呈现从5%~90%不等。

通过进行定量分析，学习成效金字塔揭示出从简单的灌输式学习到深入体验式学习对学生影响的转变，也对提高学习效率的途径进行描述，启示学生应该动用自身的多种器官来展开学习。学生只有对多种知识进行主动掌握，才能真正地在做中学。

[①] Dale Edgar. *Audio-Visual Methods in Teaching*[M]. New York：The Dryden Press，1954：534.

二、与翻转课堂结合的混合式教学

（一）基于翻转课堂的混合式教学的优势

1.促进教师角色转变

在传统的课堂上，教师扮演的角色多为"知识的传授者"，而翻转课堂模式则促进教师角色的转变，课前环节教师充当"任务发布者"的角色，将提前录制好的教学视频上传到教学平台，发布任务让学生进行异步自学；课中环节教师则充当"引导者"的角色，教师在课堂上引导学生对课前自学过程中所产生的问题进行探讨，并完成大量的有效操练；课后环节教师充当"反思者"，根据学生的学习进度和反馈调整教学计划，进行自我反思，优化教学方案，从而发布新的教学任务。教师不仅转换了角色，而且贯彻"学生中心"的教学理念，在一堂课中完成从"任务发布者"到"引导者"再到"反思者"的转变。

2.提高学生自主学习能力

在传统的课堂上，学生多为"知识的被动接受者"，而翻转课堂模式重新调整了课堂内外的时间，将学习的主动权交给学生，能够让学生摆脱被动接受知识的角色，促使学生的角色向"自主学习者"转换，成为整个教学过程中的主体。课前，学生需要在教学平台自学教师上传的教学视频，所有知识都需要学生在自主学习过程中掌握，学习进度由学生根据自己的情况自行安排，这一过程很大程度上依赖于学生的自主性，能够有效提升学生的自主学习能力。

3.大幅增加课堂操练时间

在传统的课堂上，在一堂课有限的时间内要完成导入新课、复习旧课、讲解新课、巩固操练、布置作业等教学环节，其中操练环节在整堂课中所占时长相对较少。相比之下，翻转课堂模式将以往占据传统课堂大部分时间的知识讲解环节放到课前，为师生节约了大量课堂时间，让学生在课堂上有更多的时间完成操练活动，从而提高教学效率。

4.知识点讲解可逆

在传统的课堂上,教师对知识点的讲解是不可逆的,教师要在同一时空内对知识点进行集中讲解,而学生由于性格、自身水平和学习策略等方面的差异,对同一知识点的理解和接受能力也不同,并非所有学生都能够一直紧跟老师的节奏,这就容易造成学生学习步调不一的问题。而且教师也会出现偶然的口误或表达上的错误,如果不及时发现并更正,则会对学生造成一定影响,这也是不可逆的。在翻转课堂模式下,教师在录制课前视频的过程中会反复调整优化,展现最佳的教学内容,学生在自学的过程中也会根据自己的水平和语法点的难易程度调整学习进度,对教学视频进行反复学习,这相对提高了教学质量。

(二)基于翻转课堂的混合式教学的原则

基于翻转课堂的混合式教学虽是新型的教学模式,但无论何种教学模式,教学的真正目标是让学生掌握知识并学会应用知识,做到"授之以渔"。翻转课堂课前、课中、课后的教学方式和反馈都与传统课堂不一样,但无论发生何种改变,都不能脱离教育的本质。另外,基于翻转课堂的混合式教学中的探究性课堂使传统讲授式的课堂发生了颠覆性的改变,学生可以在课堂上小组讨论并踊跃表达自己的观点,但课堂不能为图热闹而随心所欲,仍要遵循教学的基本原则。总结来说,基于翻转课堂的混合式教学实践中应遵循三种教学原则:以学生为主体的原则、课堂交流有效性的原则、教学过程完整性的原则,下面详细阐述。

1.以学生为主体的原则

在基于翻转课堂的混合式教学中,以学生为主体的原则主要体现在以下三个方面:

其一,课前和课后教师在线提供了精心制作的学习资料,包含视频、导学案、配套练习等,学生可根据自己的实际情况快进、慢速或暂停、回放视频,完成课前的预习和课后的复习,学生将学习的节奏掌握在了自己手中。

其二，课中不再是教师全程"灌输"，课堂成为问题探究和解疑的场所，而学生成为讨论的主体，教师从讲授者变成聆听者，从旁辅助和引导。

其三，课前的学习效果在线反馈、课中的讨论与交流和课后的在线辅导也加强了教师对学生的帮助和个性化辅导，教师不再按照中等水平学生的接受能力安排备课和教学，而是关注学生个体，真正体现学生的主体地位。

2.课堂交流有效性原则

课中知识内化阶段的探究性课堂是基于翻转课堂的混合式教学的核心部分之一，课堂安排的质量直接影响了学生的学习热情、学习兴趣和学习效果。关于探究性课堂的设计要注意几个方面。首先，探究交流的问题不是越多越好，设计的问题要准而精；其次，问题的设计要讲究层次性，探究交流由浅入深，不可混乱；再次，问题的设计要符合学生的认知发展规律，根据知识的结构和学习者原有的学习程度设计问题，同时要能够引导学生思维的拓展，学会举一反三；最后，探究交流课堂不是越活跃越好，教师要善于掌控课堂节奏，"论"要有所"得"，要以让学生真正掌握知识为目标。

3.教学过程完整性原则

基于翻转课堂的混合式教学模式应是一个完整的教学过程，虽将部分教学步骤进行了颠倒，但翻转课堂仍然要遵行完整性的原则。无论是否加入了新的教学理念和教学元素，课程的导入、教学目标、教学重难点、教学过程、总结、作业等环节必不可少。完整性原则要求教学过程中所有环节缺一不可，环环相套，并要在有限的时间完成教学目标。无论是采用何种教学模式，在设计教学方案时都应以完成教学目标、解决重难点为原则，在设计时要提前规划、构想，做到每一个教学环节环环相扣，并且设计中要充分考虑学生的学习能力和学习需求。

（三）基于翻转课堂的混合式教学模式的开发与设计

1.学习资源准备阶段

翻转课堂教学模式得以有效实施的前提，是丰富、完备、充实的线上学

第四章 我国高校当前混合式教学模式革新研究

习资源的准备，而这也正是教师实施翻转课堂教学方式的重要工作内容之一，区别于传统课堂上课前简单进行备课，这是给学生自主学习的资源，所以必须是具有完备教学内容的线上资源。

首先，教师需要明确各单元的学习目标，搭建单元知识框架，并根据各单元的内容安排提前录制好课程视频，也可以在慕课资源网站上学习筛选出适合课程教授内容的优质慕课资源，这一部分是需要教师花费精力去认真准备的。

其次，完成录制的教学视频或选择慕课资源仅是完成线上资源准备的一部分，因为这些视频资源可能不能完全契合课程学习的需要，尤其是选择的慕课资源，因此需要结合课程大纲的安排，补充完善视频资源没有涵盖的资料，形成贴合课程需要的线上资源。

最后，将所有准备教学资源上传到网络平台，现阶段很多教学平台与高校合作，提供了非常便利的在线资源条件，并且有完整的教学管理与支持机制，以及能够反映学生在线学习情况的课程评价方式，最终形成可用于授课的在线课程资源。

2.翻转课堂教学实施阶段

翻转课堂教学实施阶段又可以分为三个环节：课前自主学习阶段、翻转课堂教学环节和课后的知识巩固阶段。

（1）课前自主学习阶段

课前知识传授阶段以学生自主学习为主，教师在线上混合式平台上发布每次课所需要学习的教学资源，学生在网络平台上观看教学视频，并就不懂或者疑惑的知识点查阅相关资料，或者给教师在线留言；教师通过网络平台收集学生反馈的信息，根据课堂教学目标和任务，为有针对性地开展课堂教学做好准备。

（2）翻转课堂教学环节

在翻转课堂混合式教学模式中，课堂教学环节是实现翻转的关键环节。教师根据教学大纲设置的目标、学生在线上混合式平台上反馈的学习信息以及章节的重难点，在课堂上首先为学生将章节知识框架搭建好，在重难点知识整理环节，可以穿插各小组的交流讨论，在此过程中，教师随时与学生沟通，各个小组可以展示自己的学习成果，也可以就线上混合式学习过程中遇到的某一个问题进行深入阐述。在课堂教学环节中，教师充分发挥主导作用，在翻转课堂最重要的环节就是怎样提高学生参与到课堂、积极提升学生作为课堂主导的积极性，改变学生长久以来坐等教师灌输知识的学习习惯。因此，教师在这个过程中就起到了关键作用，不仅要给学生梳理知识脉络，更重要的是引导学生自主思考、创造性地解决问题；把控课堂的进展节奏，鼓励学生勇于表达自己的想法，而且要注意在这个过程中激励措施的有效性和持久性，毕竟这是一个学期的学习过程，不能只是调动了学生几节课，而应该是调动学生持久的学习主动性，使学生在教学活动中切实处于主体地位，通过主动探究和合作学习的方式来实现知识的内化和迁移。

（3）课后知识巩固阶段

学生课后的知识巩固阶段主要是所学知识的消化吸收与巩固提高，因此在平台上进行课后练习和章节测试是非常必要的，学生在线上混合式平台上完成课后练习和章节测试，而这些测试题目的设置不仅要包括课堂上知识点的回顾，而且应该包括运用所学知识对实际问题的思考和分析，因此在准备课后练习时也需要教师认真准备。

另外，教师应在平台上进行线上答疑，与学生保持沟通交流，同时也可以观察学生的学习效果，后续授课过程中可以随时纠正学生在学习过程中暴露的各种学习问题。

（四）基于翻转课堂的混合式教学的应用策略

1.教师教学方面

（1）增强对教学时间的把控能力

教师要在课前对每一环节所需时间进行宏观的把握。课前录播异步自学环节，教师在制作录播课时要注意时间的把控；在线直播同步操练环节，教师要根据 PPT 进行模拟教学，可以通过观察自己的模拟教学视频来优化教学设计，及时调整各项操练活动的时间，以增强对教学时间的把控能力。

此外，教师在实施基于翻转课堂的混合式教学模式之前应该先将该模式

第四章 我国高校当前混合式教学模式革新研究

的理念告诉学生，使学生充分了解自己的学习任务，有助于促进师生之间相互配合，避免在直播课中浪费时间。

（2）选取优质线上教学平台

线上教学需要依托于互联网和线上教学平台，目前我国各大免费线上教学平台仍处于发展阶段，想要选择一个满足师生双边教学需求的优质教学平台，教师可以通过询问有线上教学经验的教师、查阅文献或搜索等方法对各大平台进行对比调研，从而选取适合线上教学的最优平台。

（3）适当建立合理的监督、评价机制

基于翻转课堂的混合式教学模式应用于高校线上教学，其课前录播异步自学环节需要有效的监督和评价机制。课前录播异步自学环节应依托教学平台设置学习打卡环节，及时监测学生学习进度；在线直播同步操练环节，应构建多维评价体系，除教师点评外，还需设置组内互评以及学生自评环节；课后师生共同反思环节，除师生自我反思外，还应设置师生互评环节。有效的监督、评价机制既有助于提升教师的教学能力，也能够在一定程度上督促学生自主学习。

2.学生学习方面

（1）加强线上自主学习意识

学生线上自主学习环境不可控，且缺乏教师的监督，所以会出现学生自控性差、注意力不集中等问题。课前录播异步自学环节是翻转课堂的开端，具有非常重要的意义，课前录播异步自学的学习效果，直接决定直播课上的操练活动是否能够进行，这就要求学生加强其自主学习意识，课前自主安排学习进度，在直播课上有针对性地与教师、同学进行交流和讨论。在线直播同步操练环节，由于网络原因学生无法全部打开摄像头，教师无法观察到每位学生的状态，这就要求学生加强线上自主学习意识，积极主动配合教师完成操练活动。课后师生共同反思环节，学生更需加强其自主学习意识，主动反思本节课的收获和不足，积极进行反馈。

（2）积极参与课堂互动

在线直播同步操练环节，学生应该积极参与到课堂互动中来，积极配合教师完成师生互动，积极参加小组活动完成生生互动，从而增强线上教学互动性。课后师生共同反思环节，学生应该主动通过群聊等形式与教师、同学进行交流互动，进一步探讨直播课中不明白的难题，从而在一定程度上弥补线上教学互动性不足的问题。

（3）主动参与课堂评价

在线直播同步操练环节，教师在小组讨论活动中需要分别对每一组进行指导，这就导致教师没有时间充分了解每一位学生的具体表现，往往会对小组代表或者相对活跃的学生评价较高，忽略了负责幕后工作的学生的表现。学生作为小组活动的参与者，应充分了解组内成员的具体表现，因此应该主动参与到课堂评价中来，进行生生互评和学生自评，这既为教师评价提供了依据，又能够帮助学生对自己在小组活动中的表现进行反思。课后师生共同反思环节，学生需要对自己本节课的收获与不足进行总结与反馈，同时，作为课堂操练活动的参与者，学生也需要对教师设计的操练活动做出评价。

第四节　与ADDIE模型相结合的混合式教学模式

ADDIE教学设计模型是1975年由美国的佛罗里达州州立大学的教育技术研究中心（Center for Education Technology）为美军所设计的内部课程培训模式，主要分为分析（Analysis）、设计（Design）、开发（Development）、实施（Implementation）、评价（Evaluation）五个阶段。ADDIE模型建立后经过长时间的改进，从最初的各个阶段按照线性顺序进行设计的形态，到20世纪80年代强化了各个阶段之间的相互影响，尤其是评价和反馈在各个阶段的相互作用。

第四章　我国高校当前混合式教学模式革新研究

一、基于ADDIE模型的混合式教学的开发与设计

ADDIE教学设计是指一个规划教学目标，选择教学策略和教学媒体，选择和创造教学材料及其评价的迭代过程，设计是将分析阶段得出的结果创造性地组合在一起的过程。

（一）分析阶段

分析阶段的目的是确定学习差距的可能原因，重要的成果是完成分析概要。在混合式教学背景下分析阶段主要包括专业需求分析、学习者分析等内容。具体而言，专业需求分析包括分析各课程对就业率的贡献、产学合作振兴指数等，用于大学评估或大学专业化评估。分析大学在线学习的基础设施及财政基础。学习者分析包括学习者背景分析、学习方法分析以及混合式学习经验及教育技术应用能力分析等。

（二）设计阶段

设计阶段的目的是验证所需的性能和适当的测试方法。设计阶段的重要成果是完成设计概要。在混合式教学背景下，教学设计过程包括学生学习目标设计、评价设计以及教学策略方法和媒体的选择设计等内容。

第一，学习目标设计包括通过大学教育目标、人才素质、核心力量等的比较来设计学习目标。按学院、部门对学习目标进行分类和排序的设计。基于不同课程类型设计体系化教学方案，基于学习者个人或者小组特点制订学习目标。

第二，评价设计包括学习者评价、教育过程评价以及基础设施和财政支持评价等。

第三，教学策略方法设计是指根据教学方案设计每周的理论与实践的课程形态，再根据课程形态的不同设计线上与线下相结合的混合式教学的战略与方法，再根据学习者的类型设计适合的教育过程路线图。

（三）开发阶段

开发阶段的目的是生成和验证在教学中需要的学习资源。开发阶段的主要程序如下：生成内容、选择已经存在的支持媒体或开发支持媒体以表达该项目的目的、为教师制订指导、为学生制订指导、进行形成性修订和进行试点测试。开发阶段的重要成果是获取ADDIE过程的所有学习资源。

混合式教学环境下，开发阶段的核心内容是教学资料和课程项目的开发。教学资料开发的主要内容是制订实现学习目标的互动和指导方针；制订基于混合式教学的课程指南；开发面对面、非面对面授课方式的教学要素清单；开发基于混合式教学的课程平台、内容、学习材料等。课程项目开发是指开发基于教学目标、人才和核心能力的教育课程。开发与教学科目、知识教养相关的教育课程。通过建立与其他学校的共享系统，共享好的教育课程。开发与学习者水平连续性相关的教育课程，制订基于混合式教学课程的期中检查清单。

（四）实施阶段

实施阶段的目的是准备学习环境并吸引学生。通常与实施阶段相关的主要程序是教师准备和学生准备。实施阶段的典型成果是制定实施战略。混合式教学背景下实施阶段是将开发设计的课程教学设计成品运用到实际现场的过程，是一种持续的、变化的活动，目的是有效地传达教学内容。

（五）评价阶段

评价阶段的目的是在实施之前和之后评价教学产品和过程的质量。与评价阶段相关的主要内容如下：确定 ADDIE 过程各个方面的评估标准，选择或创建所有评估工具将被要求完成整个 ADDIE 流程，并进行评估。评估阶段的典型成果是制订评估计划。混合式教学背景下评价阶段一般分为形成性评价和总结性评价以及学习者评价和基础设施评价，评价的主要目的是评价课程设计过程的有效性，并评价课程内容是否有效传递等。例如，学习者评价的主要内容有对参与混合式学习的学生的满意度的调查评价以及对混合式教学的课程达到核心能力程度的评价。基础设施的评价是对基础设施和行政支持评价，通过教育综合管理系统进行比较和反馈对课程的扩展性和可持续性的评价。

二、ADDIE混合式教学模式设计需要把握的特点

（一）把握学习者的中心性

ADDIE教学设计模型是一种典型的以学习者为中心的教学设计模式，体现在教学设计的每个阶段。在分析阶段，要进行以学习者为中心的学情分析，对学习者的学习方法以及混合式学习的经验等进行详细的分析。在设计阶段，专门有基于学习者个人或者小组特点而制订的学习目标设计。在开发阶段，有针对开发与学习者水平连续性相关的教育课程。在实施阶段，实施基于学习者特点的混合式教学课程。在评价阶段，有基于对参与混合式学习的学生的满意度的调查评价。真正的以学生为中心的教学设计通常是在宏观和微观层面设计的，以确保教学的每个阶段都协调一致，从而促进学生从依赖教师到独立学习的转变，如图4-10所示。

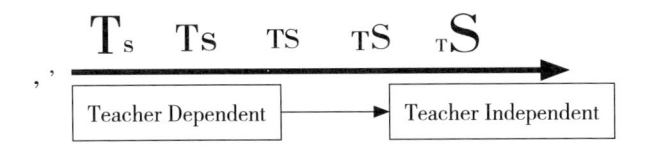

图4-10 教师角色的变化

（资料来源：Branch, R. M., 2010）

（二）建构有意义学习的学习空间

ADDIE应用的教育理念应该是以学生为中心的有意义个性化学习。学习空间是一个术语，用于指代有意义学习，目的是证明需要一个系统来促进与有意义学习相关的复杂性。具体来说，学习空间的建构是以学习者为中心相关联的几个复杂实体组成的，如学习者、学习内容、教学媒体、教师、学习同伴和环境等，它们为达成共同的教学目标而相互作用，如图4-11所示。有意义学习是复杂的，因为每个实体从本质上讲都具有复杂性，以学生为中心的学习空间，无论位于何处，都代表着一种认识论上的转变，即从将学生视为学习空间的占有者，到将学生在引导式学习过程中的行为视为教学设计的动机。ADDIE教学设计模型则提供了一种解决与学习空间相关的复杂性的方法，并符合混合式教学的要求，是实现学生有意义个性化学习的重要途径。

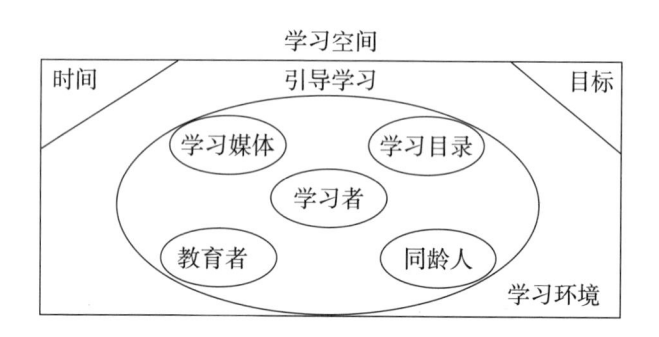

图4-11　ADDIE教学设计模型中学习空间的建构

（资料来源：Branch, R. M., 2010）

（三）把握教师角色的多样性

在ADDIE混合式教学设计当中，教师的角色定位对混合式教学有着重要的意义。原因是ADDIE混合式教学设计中需要考虑教育内容、学习者特点、学习环境、学习媒介等多种因素的影响。尤其是为了促进学习者的学习，教师必须强化教学当中的教学实在感。所谓教学实在感，是指在教育者与学习者之间相互作用，教育者不仅仅与学习者之间在物理空间上共同存在，最重要的是使教师与学生之间从意识上形成共同的价值认同感。具体而言，在分析、设计、开发阶段，即课前活动阶段教师要承担学习环境的创造者、学习资料的开发者以及学习过程的设计者等角色。在实施阶段教师是学生学习的推动者以及知识学习的引导者。在评价阶段，教师是学生学习效果的评价者以及学习效果的反思者。

总之，教师在不同的阶段所承担的角色是不同的。在ADDIE混合式教学设计中，教育者的角色可以总结为教学设计者、教育者与学习者、学习者与学习者之间相互作用的助力者、学习资源的提供者以及学习效果的评价者等几个主要的角色。最为重要的是对教育者角色的正确认识会对学习成果产生重要的影响，在未来的混合式教学实践当中教师的角色应该从教学中的主角转变为导演。

第五节　与深度学习结合的混合式教学模式

一、深度学习

（一）深度学习的内涵

随着深度学习研究的日益深化，研究者就深度学习已达成的主要共识包括深度理解概念、构建学习环境、基于原有认知结构的知识体系建构，注重反思、以迁移和解决新问题为目标等。在这些共识中，既包含了深度学习的界定，也包含了深度学习的评价。"深度学习"作为描述特定学习水平的概念，相关研究仍处于发展过程中，其中深度学习的定义依然需要更多关注和探讨。

上海师范大学教授黎加厚认为，深度学习是在理解的基础上，学习者能够批判地学习新思想和事实，并将它们融入原有的认知结构中，能够在众多思想间进行联系，并能够将已有的知识迁移到新的情境中，做出决策和解决问题的学习。

华南师范大学教授焦建利认为，深度学习是一种基于理解的学习，强调学习者批判性地学习新思想和新知识，把它们纳入到原有的认知结构中，将原有的知识迁移到新的情境中，从而帮助决策、解决问题。

中国人民大学教授张静认为，深度学习是指学习者以复杂的、深层次知识（Deep Knowledge）为学习对象，以沉浸、投入的心理状态，运用高阶思维（Higher-Order Thinking）和复杂问题解决的相关能力，实现分析、综合、评价等高层次学习目标的学习方式。

基于上述观点，我们认为深度学习就是学习者积极主动地、批判性地整合新知识，并以深度理解为起点、以新情境中的迁移为导向、以解决复杂问题和创新为目标的高层次的学习方式。知识在学习者认知结构中的状态与知识呈现时的原始状态之间的差距，可以作为深度学习的评价标准，但与有意义学习不同的是，后者的起点定义在新旧知识产生关联并记忆保持的基础上，而深度学习的起点定义在理解的基础之上。在理解的基础上进行高于知识原始形态的学习和应用，称之为深度学习。认知心理学的学者在对各种领域问题的解决进行大范围的研究后，界定出"问题解决是导致某个问题可以获得解决的思维活动"。学习者在问题解决的过程中，形成的自我图式有利于其他问题的解决，也有利于迁移。

（二）深度学习的过程

深度学习是一种学习者主动探究的学习方式，要求学习者的学习行为标准包括：积极地建构知识体系、高层次地认知加工、融合性地分析、批判性地转化、有效地迁移应用及主动地解决问题。深度学习过程理论最具代表性的结论是美国专家埃里克·詹森与尼克尔森（Eric Jensen & Le Ann Nickelsen）提出的深度学习路线(Deeper Learning Cycle，DELC)，如图4-12所示。该模型的指导价值在于面向以教为主的深度学习过程，阐释了教师如何

第四章 我国高校当前混合式教学模式革新研究

引导和激发学生进行深度学习。

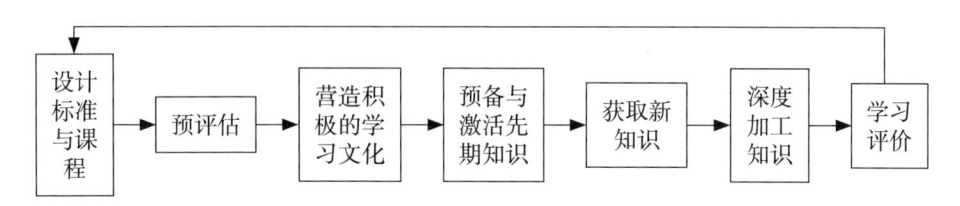

图4-12 深度学习路线（DELC）

国内学者吴秀娟提出基于反思的深度学习过程，指导教师在引导深度学习的过程中，将整个过程划分为三个阶段，即导入阶段、主体阶段和评价阶段。[①]以上两种深度学习过程主要是针对课堂教学过程的深度学习行为，如果直接应用在数字媒体环境中，会存在嫁接困难的风险。经过对已有深度学习过程的解构与重构，下面提出课堂教学环境和数字媒体环境下普适的深度学习过程如图4-13所示，该过程更加抽象概括，并为研究深度学习产品的结构提供了依据。

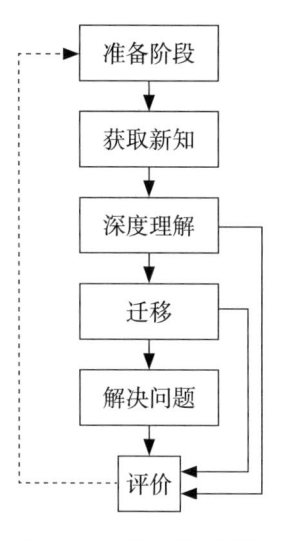

图4-13 深度学习过程

[①] 吴秀娟，张浩. 基于反思的深度学习实验研究[J]. 远程教育杂志，2015（4）：67-68.

深度学习前的准备阶段，明确教学目标，引起注意，做好行为准备、知识准备和情感准备。获取新知阶段，注意知识呈现的微策略要符合学习者认知特点。深度理解阶段，为学习者提供足够的案例支撑，为后续迁移做准备，同时，理解阶段可以进行掌握学习的过程性评价，确保迁移的基础稳定。迁移是学习走向深度学习的关键环节，也是深度学习的标志之一，同样可以借助评价手段判断学习者的深度学习程度。解决问题是深度学习的目标，对问题解决的评价是成果性评价，可以作为未来完善新一轮深度学习的依据。

二、促进大学生深度学习的混合式教学模式构建策略

（一）促进大学生深度学习的混合式教学模式构建思路

为了改善当前混合式教学质量，促进大学生深度学习的发生，本书提出了以下促进大学生深度学习的混合式教学模式的设计思路：

首先，结合上文所述，深度学习路线DELC为激发学习者达到深度学习水平，BOPPPS教学模型（包括导入即Bridge-in、目标即Objective、预评即Pre-assessment、参与式学习即Participatory Learning、后评估即Post-assessment、总结即Summary）为线下面对面教学条理化提供了理论指导。因此，本书是以借鉴DELC深度学习路线和BOPPPS教学模型二者的核心理念，围绕促进大学生深度学习的发生以及提高学习者深度学习能力，展开模式构建。

其次，混合式教学中的学习平台（超星学习通、雨课堂）和社交媒体（QQ）等为教师掌握学情、调整教学、监督与指导学习者学习过程等提供了技术工具。通过收集、分析、整理学习者在整个混合式教学中所留的各类学习数据，教师得以了解当前学习者的背景知识、学习过程和掌握学习进度，对教学进行微调，以更好地适应学习者学习水平，促进深度学习。

第四章 我国高校当前混合式教学模式革新研究

（二）促进大学生深度学习的混合式教学模式构建

混合式教学模式可以为本研究后续混合式教学设计与实施提供参照。在建构主义学习理论、首要教学原理和布鲁姆教育认知目标分类理论及模式构建原则及思路的指导下，结合高校大学生实际需求和选定实验课程的特点，研究构建了促进大学生深度学习的混合式教学模式（图4-14）。

促进大学生深度学习的混合式教学模式主要分为前期分析、教学活动组织与实施、学习评价三个部分，其中教学活动组织与实施是本模式的核心部分，以深度学习为目标，从课前、课中和课后三个阶段设计促进学生深度学习的活动，培养学生的深度学习能力。

1.前期分析

为了确定当前课程内容是否可以使用混合式教学，教师需要做一些前期分析，包括三个部分:（1）学习者的特征分析，包括分析学习者的先前知识、学习风格、学习偏好；（2）采用布鲁姆教育目标分类理论对学习内容、学习目标进行分析，明确混合式教学中学生深度学习能力培养的学习过程和学习结果；（3）混合式教学环境分析，包括对情境、工具、资源和学习支架进行分析，建立以学生为中心的学习环境。教师在前期分析的过程中，要注意多与学生交流，尽可能赋予学生部分参与课程设计的权力，发挥学生的主动性，激发学生的学习兴趣。前期分析阶段的目的是确定学习者关于课程学习主题的背景知识，并概述课程学习内容，这将为下一阶段的教学活动组织奠定基础。

2.教学活动组织与实施

从模式中，我们可以看到这一部分包括课前、课中和课后三个阶段，每个阶段的活动又从学生和教师两个方面进行设计。其中，课前和课后学习阶段主要在线上进行，课中阶段的教学活动主要在线下完成。

（1）课前阶段——自主学习

教师在每个单元教学开始前对学习内容进行分析，提炼当堂课的学习内容和学习目标，明确学生应产出的学习成果。课前在线自主学习环节是后续

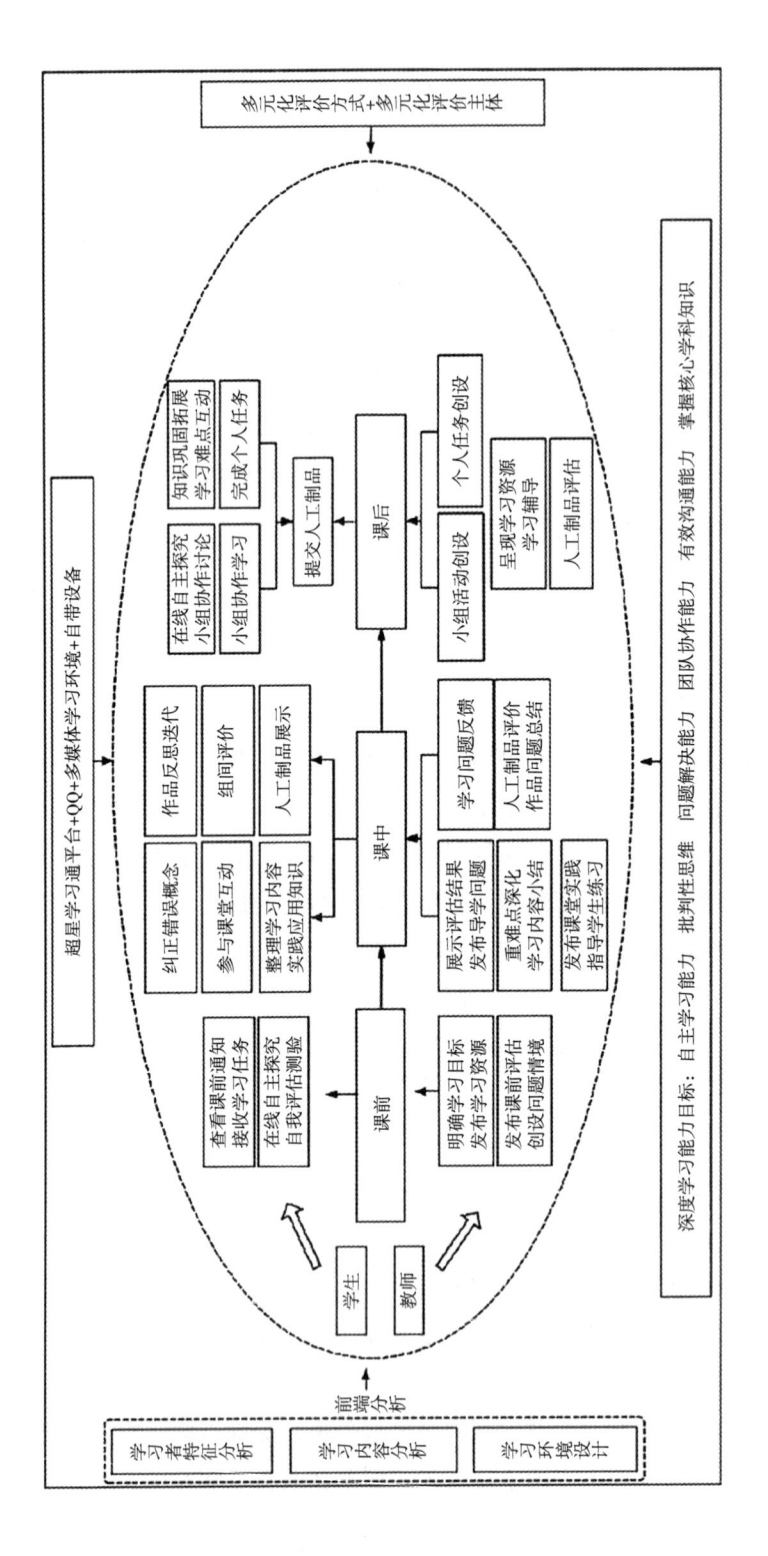

图4-14 促进大学生深度学习的混合式教学模式

第四章　我国高校当前混合式教学模式革新研究

教学活动顺利开展的保障，也是营造积极学习氛围，预备与激活学生先期知识的重要环节。而积极的学习氛围是学生高度投入，进行深度学习的前提。要营造积极的学习氛围需要教师激发学生的内外学习动机。动机激发便需要教师通过学习平台开展的单元预评估，如课前调查、QQ群互动讨论、学生自我测验等，精准诊断学生的错误概念，通过学习平台的学习数据记录与统计功能，发现学生存在的共性问题，了解当堂课学习主题下学生的背景知识，从而针对性地微调教学，更好地激活学生学习的动机。

如图4-15所示，在课前阶段，教师首先需要为学生在线自主学习开放学习资源，并将设计好的在线学习目标及其学习任务发布至QQ群，鼓励学生开展自主学习。课前具有一定挑战性的学习任务能够激发学生的内在动机，引导学生探究，全神贯注地思考学习内容，这也是学生产生深度学习的起点。

学生在QQ群里中接收到教师发布的学习任务后，在学习目标的指导下，利用个人自带设备登录学习平台获取并浏览学习资源，自定步调观看学习视频，向教师反馈学习问题，获取相关学习指导，逐步激活过往相关学习经历。之后，学生可以自愿参与教师提前在平台上设计好的章节测验，发现未理解的知识点。其中出现的更具挑战性的学习问题可以提高学生的学习注意力，并为下一步学习提供方向。对于超出个人能力范围的问题和困难，学生在学习共同体中寻求帮助，分享彼此的学习经历，获取新发现，增强学习的广度与深度，寻求深刻的个人理解。

学生通过完成教师在课前学习阶段精心设计的学习任务，其自主学习能力、批判性思维及问题解决能力和有效沟通能力得到发展，主要表现为学生出现积极的学习状态，如批判性地观看学习视频，探究式地解决其中出现的不明之处，与他人进行好友对话以分享学习经历，最终实现知识建构。

（2）课中阶段——参与式学习

在课中阶段设计并开展的学习活动需要有效衔接学生在课前呈现的自主学习成果，因而教师要做到学习内容选择和学习任务设计的层层递进，为学生实现深度学习提供支撑（图4-16）。在课前，学生通过观看在线学习视频，已经初步激活自身已有知识，为进一步整合新旧知识做好了预备。

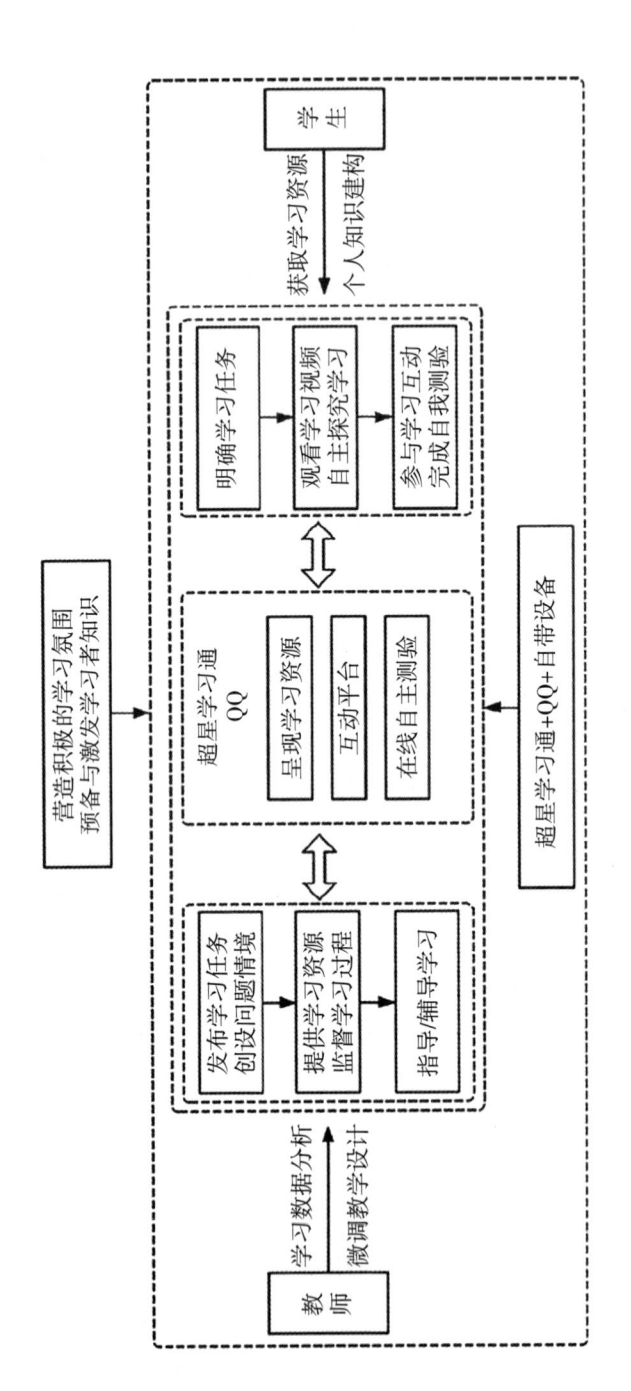

图4-15 课前自主学习阶段

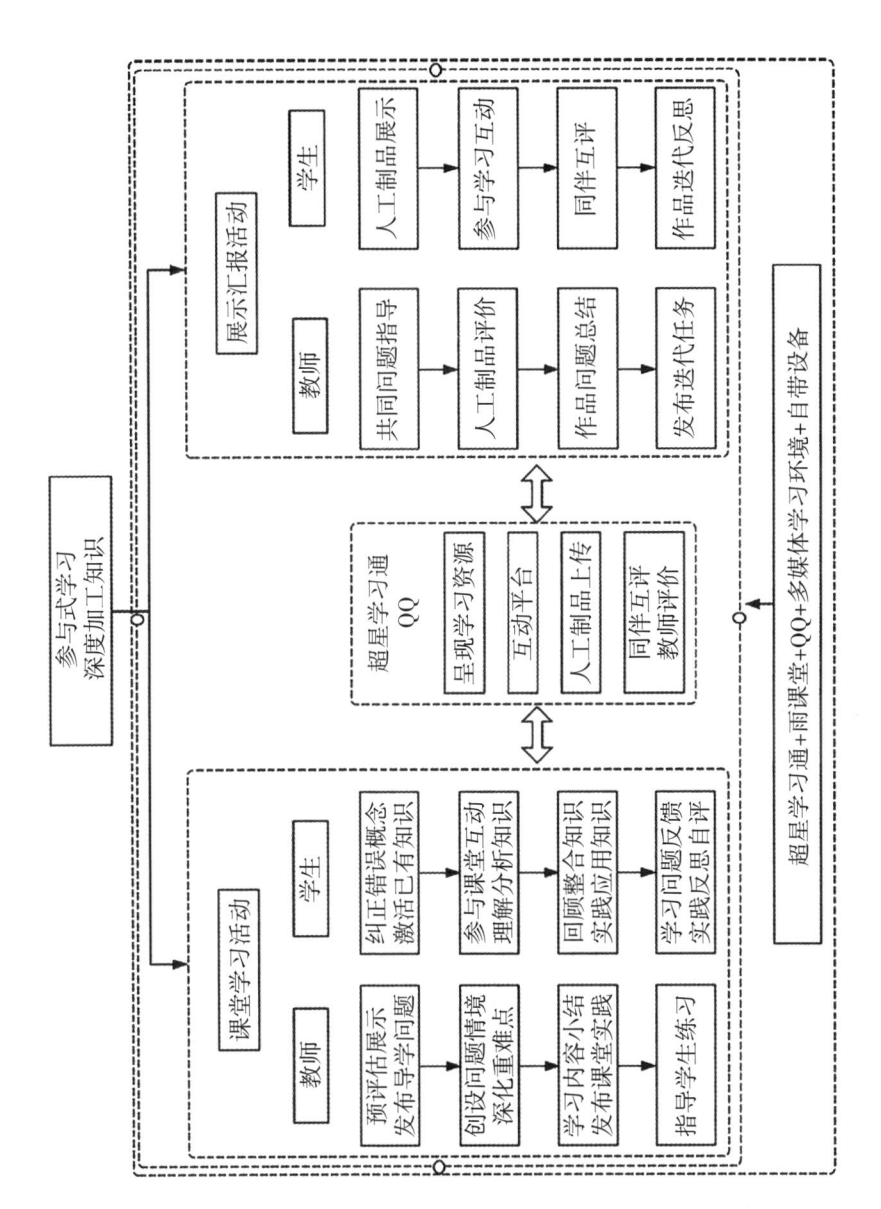

第四章 我国高校当前混合式教学模式革新研究

图4-16 课中参与式学习

教师在课堂导入学习阶段，结合收集到的学习问题，通过雨课堂智慧教学工具，发布提前设计的热身问题，强化学生的课堂参与，进一步激活学生旧知，为新知学习进行预备。在多媒体教学环境中，雨课堂为彼此提供了更多的双向互动机会，同时也将学生注意力导向了新知识的学习。在导入过程中，教师有可能会发现学生缺乏进入下一获取新知识环节相应的背景知识，此时应重点关注学生已有的背景知识，并充分利用，在新旧知识之间搭建通道，帮助学生补充背景知识。

在激活了学生已有的知识结构后，教师要紧扣当堂课学习目标，创设问题情境，深化重难点，并为学生提供多样化、差异化的学习案例，这为学生纠正错误概念，理解新知识、运用新技能提供了关键养分。

在完成新知讲授后，教师需要对学习内容进行回顾、总结，这一环节为学生完善自身理解，深入加工信息提供了机会，有助于学生留存和理解所学习的新内容。在完成学习内容讲授后，教师发布随堂练习任务，为学生提供展示或总结自身理解的机会。在此过程中，教师引导学生利用自带设备在具体情境中进行实践练习，关注学生感受和对新知识的理解、整合。随着练习的深入，学生逐渐掌握如何利用所学知识与技能解决不同情境中可能遇到的问题。在深入理解的基础上，学生开始反思所学习的内容，在与他人的分享过程中评价自身学习成果，并关注学习内容在新情境中的迁移应用。

针对课程学习内容难度的不同，在进行新知讲授外，教师要为学生提供展示自身探究与整合的过程的机会。具体来说，教师可以邀请学生汇报、展示个人或是团队协作学习成果或学习经验，对同伴的人工制品进行讨论和评价，借此强化学生学习体验，维持并增强学习共同体中的交流互动，进一步营造良好的学习氛围。

人工制品是知识建构的外在表现，它将学生个人或是团队的理解可视化。被共享到班级内部的人工制品使学生有机会观察到他人对同一学习内容的不同理解，在批判性的知识交流共享中，学生的最初想法得以逐步完善，更佳的问题解决方案得以形成。这一过程将促使学生更加注意自身学习过程和成果产出质量。这均有助于培养学生的批判性思维及问题解决能力、团队协作学习能力和有效沟通能力。

第四章　我国高校当前混合式教学模式革新研究

（3）课后阶段——任务驱动

学生在课中阶段获取到的学习效果需要课后学习阶段的保驾护航。如图4-17所示，在课后阶段，教师依据课中学生学习表现，总结、分析本堂课中学生学习进展，发布个人或是团队学习任务及其成果评价标准，呈现相关学习资源。这为学生巩固、拓展、反思和迭代知识与技能，提高学习效果提供了机会。

在线下传统面对面教学中，学生经常缺少参与决策，进行自我监督和调整注意力等机会，而这对学生优化学习体验，进行深度学习是有支持作用的。因此，教师可以赋权学生更多自主性，如选择感兴趣的任务主题进行探究。更多的学习自主性意味着学生需要承担更多的学习责任，为自己的学习效果负责。这利于培养学生的自主学习能力和问题解决能力。当学生有机会自主决定收集、整理资料、选择学习成果的呈现方式时，学生的内在学习动机得以更好的激发与维持，其学习参与度也容易得到提高。

需要注意的是，由于学生的个体差异，或是任务过于复杂，他们有可能缺乏完成任务所需的各类知识与技能。因此，在整个任务探究的过程中，教师要通过学习平台和QQ群，及时关注学生反馈，通过提供引导、提示、鼓励、反馈、分层设计等学习支持服务，维持学生的动机与认知投入，促进学生深度学习。

在通过设计个人自主探究任务之外，教师还可以进行异质分组，设计并发布团队协作任务，为学生提供优势互补、展示不同观点、共享知识和意义协商的机会，培养学生的深度学习能力。

上文我们提到实践性任务是开放的、复杂的和协作的，且对学生的学习、生活具有实际意义的。团队协作任务所具备的开放性特征不会让学生觉得是在重复学习某一知识，也更有利于各个团队发挥自身创造力；同时，复杂性要求学生相互交流，分享自身经历，突破个体思维局限；复杂性与协作性要求任意团体中的学生共同参与，取长补短，对相关信息进行全面的筛选与整合，最终在集体智慧下解决问题，生成新知识；具有实际意义的任务，能够使学生更容易沉浸在其中，增强学生的学习积极性和认知参与度。在完成具有这些特性的团队协作学习任务的过程中，也是学生发展深度学习能力的过程。

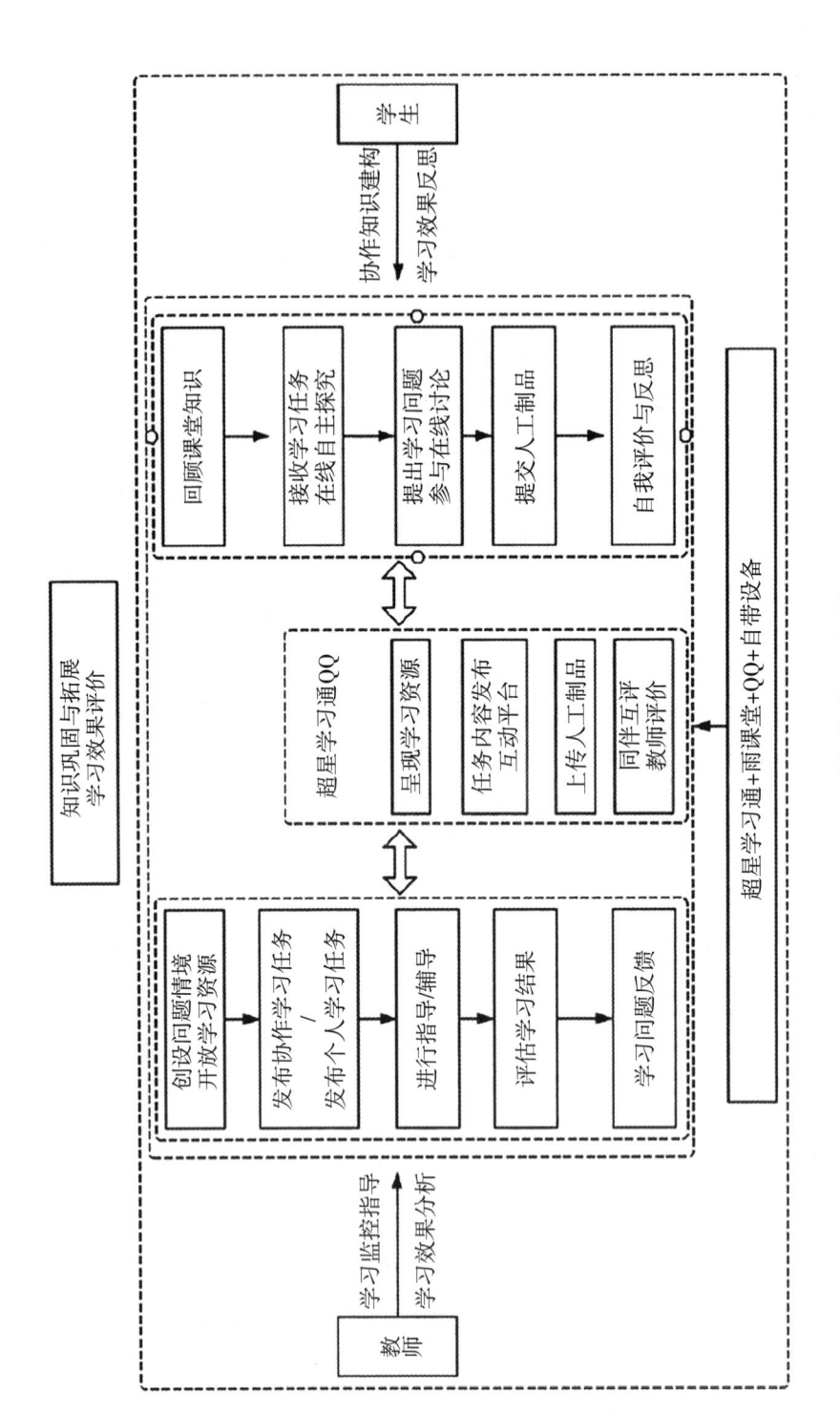

图4-17 课后知识巩固拓展

第四章　我国高校当前混合式教学模式革新研究

在设计个人或是团队协作学习任务时，教师可以要求学生将学习成果以人工制品的形式提交并共享，而最终呈现的人工制品质量也是学生深度学习能力的培养效果的最好体现。

3.学习评价

促进深度学习的混合式教学模式关注于学生的深度学习过程和深度学习结果，以学生深度学习能力发展为评价标准。对于深度学习的评价，老师可以从认知维度、思维水平维度和情感维度进行，评价范围覆盖学生学习的全过程，评价主体和评价方式是多元化的。

在传统面对面教学中，评价主体一般是教师，评价方式主要表现为纸笔测验。技术支持下的混合式教学使教师更容易获得学生的学习情况，并给予反馈。这意味着教师可以在教学的各个环节设置一些小测验，如课前预评估、课堂即时评估、课后个人反思性报告，以考查学生对学习内容的掌握情况。一方面，经常性的形成性评估有助于快速揭露学生自身的错误概念，帮助教师调整教学安排；另一方面，也可作为过程性评估的依据，起到激励学生学习的作用。值得注意的是，如果课堂即时评估工具仅被当作是教学管理工具（如点名或签到），那么它就不能起到促进师生、生生交流互动的作用。

教师可以通过安排同伴互评和案例评析活动，为学生培养批判性思维创造机会。学生完成任务后，将任务成果提交到学习平台上，再由系统自动分配给多个评价主体，学生根据教师提供的评价指标进行同伴互评。在同伴互评活动中，其带有个人独特理解的学习成果将会接受学习共同体的全面质疑，而在此过程中，其拥有者也将对自身的学习成果进行反思、评估和定位，认识到自身长处和缺陷，并实现对知识与技能更加整体的理解。换而言之，当学生被要求对他人作品进行评价时，需要首先审视自身与其理解是否一致，当发现彼此存在异同时，就要根据情况与他人进行讨论和协商。在相互辩护、争论的过程中，学生的深度学习能力，如批判性思维，得到提高。

此外，学生的个人成长也与学习共同体的成长融为一体，所有成长的轨迹都经由在线学习平台得以长久保存，每次活动结束后，这些数据都可以用于支持学生评估自身成果。在这一过程中，学生发展了自我评价能力，而这一能力正是元认知的重要组成部分。

我们可以看出，在上述教学实施过程中，老师在信息技术平台的支撑下，可以给学生提供学习支架、收集评价反馈，并综合不同学习者的需要以调整教学。具体来说，利用超星学习通、雨课堂和QQ等工具，教师可以呈现多样化的学习资源，发布学习任务，收集和分析产生的在线学习、交流互动数据，掌握学生当前的学习水平，发现学生存在的学习困难和问题，进行差异化教学和个性化辅导；综合课前在线学习和预评估数据、课中的实践练习完成情况、课堂互动参与度和个人/团队协作学习成果的展示、汇报情况，促进学生对自身学习过程、成果进行反思迭代；汇总、提炼各个阶段产生的学习数据，了解当次课堂学习目标达成情况。

对于学生来说，信息技术工具可以帮助学生在在线自主探究或是团队协作学习过程中获取学习资源，建立学习共同体，寻找任务的更多解决方案，与他人共享学习成果，开展同伴互评，接收教师评价，对学习过程进行回顾、反思，洞析问题，适时调整学习策略。

第五章　我国高校混合式教学推进的有效策略

任何一种教学模式的有效实施,既离不开教师的精心授课,也离不开学生的全身心学习,只有二者结合起来,教学的效果才能显而易见。为了有效辅助混合式教学模式的实施,教师需要引导学生掌握一定的学习策略,如此才能在学习过程中得心应手,快速提升自身的学习水平。本章主要从转变课堂教学形态、构建高校智慧课堂、有效应用数字资源、革新学生学习方式四个方面研究我国高校混合式教学推进的有效策略。

第一节 转变课堂形态

一、从独白课堂转向对话课堂

独白课堂是在高校教学中，教师拥有绝对话语权，对高校课堂教学的走向起着主导作用，学生则是失语者，高校课堂教学基本都是教师的知识灌输过程。在这样的课堂上，教学完全属于单边活动，学生并不是在主动地学习知识的，而是被教师教会的。教师为了完成自身的教学任务，占据课堂的大部分时间，师生之间并没有过多的互动机会，降低了学生的学习兴趣和热情，产生了"虚假学习"现象。

"互联网+"时代最主要的特征就是内容更为丰富，一方面教师不再是学生获取知识的唯一途径，也不是课堂的权威，学生如果在课堂上有些知识没有掌握，可以在课下通过互联网展开自主学习。另一方面，随着网络技术的发展，网上的交互平台增多，师生之间可以通过网络进行交流互动，打破了之前的单边活动局面，师生之间可以实时对话，这就使得课堂形态从独白走向对话。

对话课堂是指高校课堂教学主要以学生为本，将学生作为课堂教学的主体，通过对话，在师生之间建构平等互助的关系，最终提升教师的教学质量和学生的学习水平。对话课堂可以划分为三种对话形式：师生对话、生生对话、生本对话。其中，师生对话是主要的组成部分，教师和学生通过探讨某些问题，从而让学生掌握知识。生生对话是学生倾听其他同伴的意见，与其他同伴交流，对学生的个体差异加以弥补，共享他人的思维成果。生本对话是学生与文本展开对话，这是阐释性对话，是学生对文本的解释。

基于互联网，课堂教学打破了现实课堂的束缚，使学生可以在任何时间、任何地方从自己的学习需求出发展开对话。当教师在学习平台发布学习任务时，学生可以直接在平台上留下问题，教师进行在线解答。除此之外，当学生在学习社区等地方进行阅读时，也可以与其他同学分享自己的想法，实现思维共享。

二、从封闭课堂转向开放课堂

封闭课堂不仅指的是课堂环境的封闭，更指的是课堂各个部分的封闭，主要表现在问题、经验、思维、师生交往等层面。

在互联网背景下，每个人都在通过网络获取信息，教师与学生也不例外。对于学生而言，互联网让他们接触了各种信息，逐渐提升了他们的认知水平，产生了更多的新思维。对于教师而言，互联网也让他们不断革新自己的教学方法，增加自己的知识储备，加强与其他教师的合作等。

开放课堂就是运用互联网资源，打破传统课堂的时空限制，将教师、学生从教材中解放出来，实现师生、生生之间的互动与合作，培养学生树立独立思维意识。开放课堂相比于封闭课堂，经验、问题、思维等都变得更为开放。现如今，学生可以从不同的渠道获取信息，实现自身新旧经验的碰撞。

三、从现实课堂转向混合课堂

随着信息技术的发展，优质的网络平台逐渐建立和开放，为学生的多样化学习提供了更多的选择余地，也不断促进着教学的进步和发展。传统的现实课堂是单向灌输过程，在有限的时空内，学生不可能将教师讲授的内容全部接受，致使传统的课堂过分注重理论而忽视实践。虽然各种虚拟网络课堂发展迅速，为学生的学习提供了更为广阔的空间，但是由于学生缺乏学习主动性，对自己的管理也不严格，导致虚拟课堂也出现了很多弊端。因此，将现实课堂与虚拟课堂相融合的混合课堂才是首选。

混合课堂是融合了现实与虚拟、线上与线下的模式，能够拓展学生的学习时空，发挥教师的辅助与引导作用，让学生获取更为优质的资源，培养学生的实践能力。

在当前的教学中,混合课堂的应用主要有如下两个步骤:

第一,通过学习平台为学生布置任务,让学生通过观看短视频,对下堂课所要学习的内容进行学习。

第二,在课堂上,学生展示自己的学习成果,也可以提出学习中的问题,在课堂上展开探讨。

第二节 构建智慧课堂

"互联网+"教育创造了多种教育手段,其中智慧课堂就是其中的一种重要模式。智慧课堂即依靠智能化技术,发挥教师与学生的智慧,对传统课堂教学模式加以优化。

智慧课堂要求以智慧教学环境作为支撑,这些智慧教学环境包括智慧校园网、学习资源平台,核心在于通过网络或者移动终端,接入学习内容,展示学习活动,更新与共享学习内容等。智慧教学环境可以实现真实情境的创建,实现学习协作,还可以推动个性化的学习资源。

具体来说,高校智慧课堂教学的设计框架如图5-1所示。

一、高校混合式教学开设智慧课堂的步骤

(一)课前阶段

在课堂开始之前,教师可以通过网络问卷、测评等,对学生的学习需求加以了解,从学生的学习需求出发,为学生提供学习资源,制订学习任务。

第五章　我国高校混合式教学推进的有效策略

智慧的学习不仅包括习得知识、获得技能，还包括提升学生的思维与文化素养。例如，运用移动终端App，如流利说等进行听说训练。利用喜马拉雅在线听等，可以展开文化学习。对于学生的雅思托福考试，推荐学生使用一些泛在网络学习平台，展开有计划的学习。

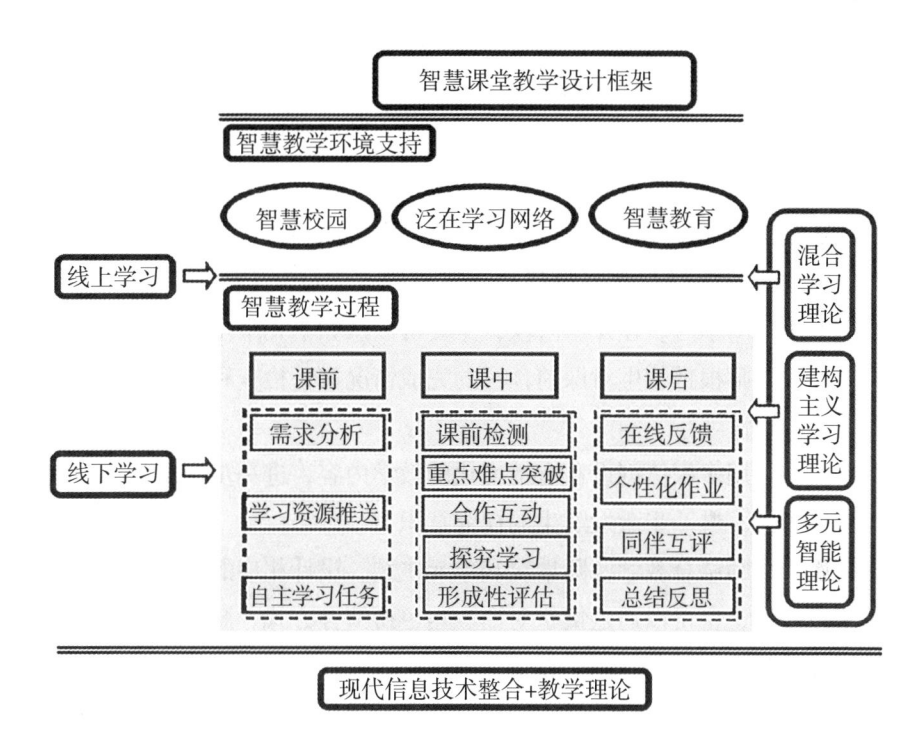

图5-1　高校智慧课堂教学框架图

（资料来源：厉建娟，2018）

通过一些网络平台，教师可以将教材中所涉及的学习计划、学习目标、学习重点、学习难点、学习主题等相应的预习内容和学习任务等，及时发到学生手中，学生可以根据任务的要求通过不同的方式，如个人独立思考、小组讨论等，有效地获取知识背景，高效地完成预习任务，而且在这一过程中，自主学习能力也会相应地提高。在这一阶段，教师可以利用自主式的学习平台，充分实现师生之间的互动，为学生提供有效的在线咨询，为学生答疑解惑，向学生提供有针对性的辅导和帮助，进而切实提高学生的自主探究精神和自主学习能力。

（二）课堂阶段

在课堂中，智慧课堂教学要求发挥教师的智慧，运用先进科技，让学生主动探究。在课前检测阶段，可以通过在线测评，对学生的学习情况进行评估，从而设置自己教学的重难点。教学的重难点需要教师给予一定的指导，同时可以组成小组进行协作学习。教师可以运用网络平台发布一些探究学习任务，如从影视人物的对话中分析中西思维差异等。

在智慧课堂中，教师可以运用在线网络和移动终端，对学生展开形成性评估。这是通过对学生学习过程的观察与记录，对学生的学习效果进行监测，激发学生的学习。在课堂阶段，主要可以从如下几个步骤着手：

首先，教师根据学生对课前预习的完成情况进行检查和分析，重点指出相关问题。

其次，运用多媒体创设富有情境化的教学内容，进一步提出问题，引发学生积极思考，进一步激发学生的探究意识。

再次，教师结合教学实际情况和单元主题，设计相应的学习任务，鼓励学生积极讨论，也可以通过情景对话、角色扮演等方式，激发学生参与的积极性，促使学生主动参与课堂教学活动。

最后，教师鼓励和引导学生进行总结和反思，可以让学生进行自评或学生之间进行互评，进而总结学习内容，激发学生的学习动机和自主探究精神，巩固学习的知识，同时提升协作互助意识和应用能力。

（三）课后阶段

首先，在课堂结束之后，教师需要评价学生的学习成果。基于网络学习平台中设置的"学习记录"模块，对学生的学习情况加以记录。

其次，在评价的基础上展开个性化反馈，为学生设置个性化的作业，如果学生在学习中遇到问题，教师可以进行针对性的辅导。

最后，在课后阶段，教师可以通过混合式教学进一步补充相应的学习材料，有效拓宽学生的视野，加深学生对所学知识的理解和掌握程度。在课后，学生也可以利用网络平台寻找相应的复习资料，进一步加深学习效果，增加练习的时间，扩大知识范围，更好地完成相应的学习任务。课后巩固延伸了课堂教学的空间，能够显著培养学生的自主学习能力，也能够为学生养成良好的终身学习习惯打好基础。

二、推进高校智慧课堂混合式教学的策略模式

（一）带疑探究—讲授示范—动手操作型模式

（1）教师要根据课程教学的目标找到一个或几个富有探索性的问题，然后将问题以适当的时机和方式向学生提出，并引导他们利用已有的信息技术寻找解决问题的方法。

（2）教师利用分解法，将问题由一分多，细致讲解每一个小问题，并进行必要的问题解决示范。

（3）学生通过教师的讲解与示范开始尝试解决问题，在这一过程中如果遇到新的问题便开始思考及向教师提出问题，得到解答后再行操作，直到问题得到解决，最终掌握知识和技能。

（4）教师评价学生的学习表现，学生之间也要进行互评。

（二）任务驱动—协作学习型模式

（1）教师以教学内容中的重点和难点为依据，灵活设计信息技术的教学任务和目标。对于任务的设计，要遵循由易到难、由简到繁、由外到内的原则。

（2）教师给学生布置教学任务，然后让学生自由选择自己的合作伙伴来共同协作开展研究。学生在研究学习的过程中对所获得的一切信息和资料都要和同伴分享，一起讨论，一起研究。

（3）教师对学生的学习活动进行总结性评价。考察的重点在于学生对信息技术的应用能力。

（三）自主—监控型模式

自主—监控型模式的教学地点是在建立了网络的教室里。具体学习模式为，学生将教师提供的教学资源利用起来进行学习，教师则观察学生的学习过程。为了给学生创造良好的自由氛围，教师可在教室外通过监控观察。当教师发现学生在某环节中遇到问题，则应适当提供帮助。在自主—监控模式中，学生可根据需要使用网络资源。自主—监控模式的实施程序如下。

（1）教师根据教学目标对教材予以分析，然后以教师认为的最理想的方式向学生呈现教学内容。

（2）学生在接受了学习任务后，需利用相关资料或信息进行独立学习或协作学习。在此过程中，教师的任务是观察、监督，并在必要的时候提供适当的指导。

（3）教师对学生的学习活动进行总结性评价，总结评价具体到个人。

（四）群体—讲授型模式

群体—讲授型模式是面向多数人（通常为一个班）进行教学的模式。在这种模式下应用的信息技术只是作为一种教学手段出现。该模式的特点如下所述：

（1）集文字、图片、声音、图像等多媒体展现教学内容于一身，让学生对课堂教学活动有更为直观的认识和理解，而不再是过往的那种过于抽象的感觉。

（2）使用便捷、简单、易操作，如此得以将教学内容快速、及时地呈现出来，这无疑可以大大提高教学的效率。

（3）过往教学中那种宏观、微观以及时间、空间等因素都不再成为限制，如此更加方便教师对教学重难点的把控与教学。

群体—讲授型模式的实施步骤如下：

（1）教师在备课阶段就要全面掌握教学内容，并对教学中需要的图片、视频等资料细致选择，对需要演示的课件要设计得当。

（2）教师努力创设教学情境，将教学信息展示给学生，引导学生思考。

（3）教师对教学活动做总结性评价。

（五）讨论型模式

讨论型模式是教师与学生通过网络进行的实时或非实时交流的一种教学模式。对于这种模式的应用，通常是由教师提出某一问题，然后由学生讨论问题。对于学生的讨论，教师要一一听取，这是了解学生学习思维和发现其中可能的问题的好机会。如果发现问题，教师要及时指导。这是一种对学生非常友好的教学模式，不过，需要耗费一些时间，教学效率相对较低。该模式的基本步骤如下：

（1）教师根据教学目标对教材予以分析，然后以教师认为的最理想的方式向学生呈现课件或网页类的教学内容。

（2）学生接受任务后，由教师指导查阅资料或信息进行独立学习或合作学习。要确保在完成学习任务的过程中使用信息技术。

（3）教师要对学生的讨论予以总结，学生间也可以互评，当然也可以评价教师的一些观点。

在讨论型模式中，教师要始终尊重学生的主体作用，要允许学生发散思维，对学生的一些奇异思维不要打断，而要做到先倾听，这是鼓励他们尝试创新的良好开始。

（六）研究型课程模式

研究型课程与当下常见的科学研究的方法已经非常接近了。学生在这种模式的课程中利用信息技术作为工具来分析、归纳、整理各种资料，寻找对解决问题有帮助的信息。

研究型课程中的整合任务是课后的延伸，超越了传统的单一学科学习的框架，它会根据学生个体的认知水平以主题活动的形式呈现生活中的一些问题，以此激发学生的研究兴趣，并完成相应的学习任务。

学生在研究型课程模式中的学习，在设计研究方案、实施方案以及完成任务等环节中都享有相当高的自由度，教师更多只是在选题和资料收集环节中提供些许帮助，如此更能突出学生的主体性和参与性。不过，教师提供的帮助仍旧是不可或缺的，甚至可能决定着学生研究型学习最终的成败。

第三节　有效应用数字资源

一、高校混合式教学应用数字资源的现状

众所周知，开展混合式教学的关键是课程数字资源建设，其质量的优劣直接影响混合式教学的效果。然而，在参与相关高校的教学视导、检查过程中发现，不同的学校或同一学校在课程数字资源建设方面水平参差不齐，线上教学课程资源质量不高、规范性不强，主要表现在以下几个方面：

（一）界面缺乏美观性

美观、大方的课程数字资源设计界面令人心情愉悦，从而可以激发学生学习的兴趣。但在检查中发现，相当部分学校存在资源格式不统一、不规范，整体界面设计不合理、不美观，有的甚至出现字体大小不一，给学生留下任课教师不认真、不负责任或水平不高等不良印象，影响学生线上学习的兴趣。

（二）内容缺乏完整性

线上的课程资源应包括专业人才培养方案、课程整体设计、任务书、课

第五章 我国高校混合式教学推进的有效策略

前预习、课中探究、课后拓展、职业资格技能证书等内容，具有系统性、逻辑性，充分满足线上线下优势互补。现实中，很多学校的线上资源只重视课中资源，课前与课后资源不足，甚至有的学校线上资源完整率不足40%，体现"1+×"证书职业资格技能考试的相关资源几乎为零。课程数字资源内容很不完整，严重影响学生课前预习、课后拓展的学习效果。

（三）形式缺乏多样性

为激发学生自主学习的兴趣，课程数字资源形式应包含文本、图像、PPT、视频、动画、微课等多种形式，就像丰富多样的"自助餐式美食"供学生自由选择，可以多角度刺激学生的感官，提高学习效率。但在检查中发现，90%以上高校的课程数字资源以word文档形式为主，"word文档+PPT课件"两种形式的线上资源占比达95%以上，整个课程数字资源库中的视频、动画形式的资源严重不足。

（四）资源缺乏针对性

开展线上教学的主要目的是突破教学时间限制，便于学生通过浏览资源实现自学、通过交流互动提高认知、通过拓展学习提升自我，这就需要教师精准掌握学情，精心设计资源，确保精准施教。检查发现，很多学校线上教学资源缺乏针对性，有的PPT课件资源与教学内容匹配度不高，甚至有的视频、动画等形式的资源与本次课的教学问题对不上，出现了"线上的课程资源建设纯粹是为应付学校检查，而不是为教学服务"的现象。

（五）设计缺乏探究性

教学设计中要充分体现学生的"主体"地位，由浅入深、由易到难，引领学生探究学习，尤其线上课程教学资源的建设更要体现这一特点，以便学生自主学习。检查中发现，很多高校的线上教学资源内容虽多，但缺乏知识内部的逻辑性，不符合学生的认知规律，而且内容多为简单堆积、充数，整体设计缺乏探究性，不利于学生自主学习。

二、高校混合式教学应用数字资源的改进策略

在高校教学实践中，如果能够合理利用新型资源，则有助于改善高校学习效果。现代社会中的数字资源即新型资源，无论是计算机、笔记本电脑甚至手机、光盘等，都可以运用数字资源，因为数字资源对于当代人来说是非常便利的，并且其资源非常广泛。但是，无论资源多么庞大，只有将其运用到恰当的领域中，才能彰显其价值。

高校教学应该充分借助数字资源的优势进行教学创新，具体来说，可以从如下几点展开：

（一）积极搭建数字化教学平台

随着互联网的普及，现阶段的大学生对于电子设备、网络都非常依赖，因此可以借助信息技术来搭建数字化教学平台。数字化教学模式改变了传统课堂的时空问题，能够为学生提供更为便利的平台。数字化模式不仅限于课堂的学习，高校教师还应该为学生搭建数字化平台，在搭建平台时，教师应该从社会的需要出发，制订高端的教学目标，建立科学的教学体系，实现数字化模式的创新。

另外，教师还可以创建微信公众号，定期发布一些学习内容，做好对公众号的维护，让学生在课堂之外能够感受到学习氛围。当然，教师也需要做好监督的工作，帮助学生提升自身的自主学习能力。

（二）创新教学手段

在数字化背景下，高校教师应该充分利用数字化设备，借鉴不同的教学模式，为学生解释文化知识与内容。在教学手段上，教师可以采取线上体验

式教学。传统的体验式教学大多是线下的,而现在加入线上设备,使得体验式教学的选择更为丰富,更具有探究性,同时激发学生对知识的探究意识。例如,教师可以选择一个电影片段,让学生体会语言的魅力,进而让学生进行配音,这样不仅能够让学生体会到原汁原味的语言,还能够调动学生学习的积极性。

(三)创新教学内容

教师在开展教学之前,除了梳理本节课需要讲授的知识,还需要进行课外拓展。如果数字化设备仅仅是将书本知识搬到网络上,这样就丧失了数字化教学的意义,因此教师应该对教学内容加以丰富,提升教学的趣味性与全面性。

第四节 革新学生学习方式

一、自主学习

教育的最终目的是让学生成为独立的学习者,当然高校课程教学也不例外。近些年,自主学习越来越成为教育界研究的重点。就当前大学生的学习效果来看,他们虽然花费了大量的时间在学习上,但是收到的效果并不理想,归结原因主要在于学生缺乏自主学习的能力。因此,学生有必要转变自己的学习方式,从他主学习转向自主学习。下面就对自主学习进行分析。

（一）自主学习的定义

对于自主学习，国内外很多学者进行过研究和探讨，并发表了关于自主学习的一些文献与书籍。下面就重点来介绍几位有代表性的学者。

国外有两位权威的学者对自主学习进行过论述。一位是美国学者亨利·霍里克（Henri Holec），一位是美国学者齐莫曼（Zimmerman）。

亨利·霍里克在他的《自主性与外语学习》一书中指出，自主学习能力应该包含对学习目标与内容的确立、对学习技巧与方法的选择、对学习过程的监控与评估这几大层面，并且指出学生只有做到了这几点，他们才能真正地对自己的学习负责。[①]亨利·霍里克认为，学生的自主学习能力并不是与生俱来的，往往是后天形成的，甚至需要专门的训练而成。显然，从亨利·霍里克的论述中可以看出，他的自主学习观实际上挑战了传统的学习模式，因此受到了很多学者的认可与支持。

齐莫曼是一位著名的心理学家，因此他对自主学习的论述主要是从心理层面考虑的。齐莫曼基于前人的研究，指出学生只要在动机、元认知、行为三个层面做到积极参与，那么就可以认为他们的学习是自主学习。[②]换句话说，齐莫曼指出了自主学习的三个影响因素，即动机、元认知与行为，其中动机指学生从被动学习转向主动求知；元认知指学生能够对不同阶段的学习进行反思；行为指学生能够从自己的意愿出发选择与创设学习环境。

除了国外学者对自主学习进行研究，我国学者也对自主学习进行了激烈的探讨，他们基于国外的研究成果，并且考虑我国的实际情况，对自主学习进行初步的研究。我国学者主要围绕自主学习中师生的角色、自主学习的原因与意义、自主学习的实施等层面展开研究。

我国学者庞维国在他的《自主学习——学与教的原理和策略》一书中，对自主学习的概念进行了明确的界定。在庞维国看来，自主学习是基于能学、想学、会学、坚持学这四个层面基础上的一种学习方式。庞维国还从横

[①②] 严明. 高校自主学习能力培养模式研究：体验的视角[M]. 哈尔滨：黑龙江大学出版社，2009：42.

第五章　我国高校混合式教学推进的有效策略

向与纵向两个视角来阐释自主学习的概念。就横向角度而言，如果学生能够对自己学习的各个层面进行自觉选择与控制，那么就可以说他们的学习是自主学习；就纵向角度而言，如果学生能够在整个学习过程中挖掘与把握自主学习的实质，那么也可以说他们的学习是自主学习。

虽然国内外学者对于自主学习的界定存在差异，但是大多数学者已经基本达成共识，即自主学习是将学生作为中心，根据学生自身需求进行自主学习规划、自主学习管理、自主学习监控、自主学习评价等。具体而言，自主学习可以划分为如下五个步骤：

（1）学生基于不同需求，分清学习主次，对自己的学习目标进行规划。

（2）学生基于需求选择学习材料，并制订与自己学习风格相符的学习策略。

（3）学生对自己的学习进度、学习时间要合理把控。

（4）学生在学习中要不断反思与调整。

（5）学生要对评价标准有明确的把握，从而对自己的学习效果进行衡量。

（二）自主学习的意义

1.满足信息化社会发展的需要

当今社会是一个科技迅猛发展的社会，信息化时代使人们越来越认识到，学校教育已经远远不能满足学生的知识储备，因此学生需要适应不断变化的环境，满足自身不断变化的职业要求，这仅仅依靠从学校获得的知识是远远不够的。也就是说，学生要想适应信息化社会发展的需要，除了要接受学校教师传授的知识，还需要从各种途径、各种渠道挖掘知识，以便充实自己，这就是自主学习的力量。

2.体现终身教育体系的需要

随着科技、社会的发展，人们认识到需要建立终身教育体系，这一教育体系打破了传统教育体系的封闭性与终极性，使教育成为一个伴随终身、持续不断的过程。未来的社会是一个持续学习的社会，为了与社会的发展相适应，人们就必须要不断学习、不断发展。因此，这也是对学生的要求，通过自主学习，学生能够适应不断变化的社会、不断变化的职业要求，从而不断提升自我质量与自我价值。

3.符合学生自我发展的需要

相较于其他国家，我国对课程教学的投入是巨大的，但不得不说，虽然投入巨大，但效果不甚理想。出现这种情况的主要原因就在于我国的课程教学模式过于单一，即只注重教，而不注重学，忽视了学生的主体地位。

众所周知，不同学生的学习存在明显差异，这些差异的形成有先天原因，也有后天原因。而在这些原因中，先天原因无法改变，但后天原因是可以弥补与改变的，如学习风格、学习动机等，这恰好是自主学习的要求。

（三）自主学习的开展

1.营造自主学习的氛围

现在信息技术在课程教学中迅速普及，并且为学生的自主学习提供了便利。教师可以运用网络为学生创造自主学习的氛围，激发学生学习的欲望与积极性，增强学生学习的效果。例如，学生可以利用电脑进行语言专项训练、与他人交流、浏览文献资料等。当然，教师也可以为学生介绍一些优秀的学习网站，让学生自主学习，以扩充自己的知识储备。

2.训练学生自主学习的技能

自主学习需要一定的技能，这些技能并不是先天的，而是经过一定的训练和实践获得的。因此，在高校教学中，教师应该注意训练学生自主学习的技能，从学生个体的需求出发，制订符合学生的自主学习计划，帮助他们掌握适合自己的自主学习技能。

在学生的自主学习过程中，教师的责任就是指导学生掌握学习策略，并且学会运用学习策略。例如，教师可以为学生推荐一些阅读材料，并且给学生介绍一些阅读技巧，指导学生写读书笔记，从而不断提高学生的自主学习能力。

3.激发学生自主学习的兴趣

兴趣是学生学习的动力与源泉。设计出与学生学习兴趣相符的活动有助于开发学生潜能，促进学生的自主学习。在传统的高校教学中，学生是被动的接受者，教师常常忽视学生的兴趣，但在自主学习中，学生居于学习的主体，是主动的学习者，因此学生学习的兴趣也会被激发出来。为了激发学生的自主学习兴趣，高校教师可以从如下几点着眼：

（1）对学生展开需求分析。高校教师要首先对学生进行需求分析，然后从不同学生的需求出发，帮助学生制订学习计划。当然，教师为了更好地与学生的学习计划相适应，要不断调整与改进自己的教学策略。

（2）尊重学生的个性差异。不同学生，他们的学习风格、学习水平等必然存在差异，因此高校教师要考虑学生的这些差异，让学生根据学习内容、学习步骤进行自主学习，以提高不同学生的自主学习能力。

（3）关注学生的反应。在学生的自主学习中，高校教师要观察学生的反应，包含自主学习目标的建立、自主学习的适应情况等，从而根据学生的反应调整与改进教学计划，并帮助学生解决自主学习过程中遇到的问题。

4.培养学生自主学习的习惯

良好的学习习惯对于学生的自主学习是非常重要的。在自主学习中，高校教师应该努力培养学生的自主学习习惯，使学生努力克服自主学习中的不适感，发挥自身优势，从而完成学习目标。

二、合作学习

从本质上来说，学习的过程其实就是交际的过程，而交际行为的基础是合作。通过合作，语言交际的内容更加丰富，而学习也就更加深入。合作学习是一种学习方式，但是从实质上来说，它是学习者社会性的本质体现。随着社会、科技的迅猛发展，合作学习已经成为社会学、人类学、政治学、科学、经济学等学科领域研究的焦点。

（一）什么是合作学习

合作学习诞生于1970年前后的美国，并于1970年到1980年取得了显著的进步，很多学者对合作学习进行了分析和探讨。

美国教育心理学家罗伯特·斯莱文（Robert E. Slavin）指出："合作学习即学生在小组内展开学习活动，并以小组成绩来判定自己的表现，获得奖励与认同。"[①]

我国学者王坦指出："合作学习的目的在于促进小组之间的相互促进与帮助，从而实现学习目标，进而通过小组成绩来判定自身的表现，获取奖励。总体来说，合作学习属于一种教学策略体系。"[②]

合作学习的内涵是非常广泛的，其不仅涉及协作学习，还涉及小组学习。但是，无论采取怎样的方式，都强调小组或者集体来完成任务。在合作中，教师应该放权，充当指导者的角色，让学生小组努力完成任务。

（二）合作学习的优势

1.调动学生的学习积极性

在传统的大学教学中，学生属于被动接受知识的地位，他们的课堂主动性较差。在合作学习中，学生依据一定的标准组成学习小组，对教学形式予以丰富，在合作中，学生会不断提升自身学习的积极性与主动性，从而使自己的学习内容也变得更为生动。

合作学习有助于调动学生学习的主动性与积极性，普遍提升那些成绩较差学生的学业成绩。合作学习可以提升学生的主体意识，提高学生参与学习的积极性，促进学生更加充分地展开交流。

---

① Slavin, R. E. Cooperative learning[J]. Review of Educational Research, 1980（50）: 315-342.

② 王坦. 合作学习的理念与实施[M]. 北京：中国人事出版社，2002：26.

第五章　我国高校混合式教学推进的有效策略

2.培养学生团体意识

合作学习有助于培养学生的团体意识。因为在小组交往中，学生会将自己归属于团体内，与团体荣辱与共，从而不断形成团体意识，形成强烈的集体荣誉感。团体意识的产生对于学生提升人际交往能力非常重要。

3.培养学生创新精神

合作学习有助于提升学生的创新意识与精神。日本学者片冈德雄研究表明，班级气氛一旦成为"支持性风气"，成员之间就会相互合作与信赖，他们共同完成作品，并且在立意与变化中有较为明显的体现，同时体现出创造性品质中的丰富性与独特性。

4.促进小组任务的完成

由于合作学习具有互助性与交往性，因此在学习中，教师可以引导学生展开合作与交往，使他们在交往中不断协作与获得启发，并彼此进行鼓励，从而实现成果为小组成员共享，共同面对遇到的问题。

这样合作学习就能够解决那些成绩较差学生在学习中无法解决的问题，因此合作学习是一种有效的破除问题、攻克难关的方式。

5.培养学生的综合能力

合作学习的实施为学生提供了广阔的发展空间，学生之间可以展开交流、展开竞争，也可以进行批评，从而使学生可以自主学习与思考，提升彼此之间的团结能力，最终提升学生的综合素质与能力。

6.减轻教师教学的负担

合作学习强调小组之间进行合作，也强调学生进行自主学习，从而减少教师的重复工作，便于教师展开有针对性的指导，最终提升教学的效果，让教师有更多时间进行教学反思。

总之，合作学习有助于提升学生之间的合作精神与集体观念，便于培养学生的竞争能力与意识。同时，合作学习还有助于因材施教，便于弥补教学中的个体差异问题，从而真正促进每一位学生的进步与发展。

（三）合作学习的开展

1.进行合理的分组

合理分组是学生展开合作学习的前提条件。合作学习是通过小组之间配合展开学习的，因此合作学习的前提在于对学生进行分组。

在分组的过程中，教师需要进行仔细的分析与考虑，对组员的安排要予以重视，从而保证每一个小组之内的成员都能够多样化，如兴趣上的多样化、知识与性格上的多样化。这种多样化的布局可以对小组结构予以平衡，帮助小组进行公平的竞争。

在进行分组时，需要按照组间同质和组内异质的原则。基于这两个原则，小组成员的知识水平才更具有层次性，知识丰富的学生可以帮助那些知识掌握能力差的学生，从而促进学生完成小组任务。同时，同学之间互相帮助还能够调动他们学习的积极性与主动性，便于形成集体的学习氛围。

2.策划与提出问题

这个步骤是小组合作学习的重要步骤。在策划任务的时候，教师需要从学生的整体情况进行考量，同时，在设计任务时要考虑任务是否可行，是否具有操作性。

对于问题的设置，教师需要遵循开放性与讨论性的原则，可以根据教学内容，对任务进行合理安排，同时，设定学生完成任务的时间。

在完成任务的过程中，教师主要承担指导者的角色，需要辅助学生制订具有一定难度的任务，这样小组才能为了完成任务而展开合作，成员之间也会发挥自己的主观能动作用。

3.控制合作的实施

在进行合作学习时，各个小组完成任务具有阶段性。也就是说，学生在每一个阶段的学习任务都是不同的，因此，在这之中教师需要进行控制。

在初始阶段，小组成员需要进行探讨与研究，每一位成员需要独立思考任务与任务中的问题，促进学生扩展自己的创造性思维。并且，在这一基础上，需要进行引导，最终形成小组的统一观点。另外，一个小组需要一个发言人，便于将自己的小组结果陈述给大家。最终，全班各个小组之间展开交流，实现信息的融通。

4.进行有效的评价

对合作的最终结果进行评价并不是一件简单的事情，其中涉及很多内容。

首先，学生的学习过程、学习结果需要教师给出合理的评价。

其次，小组各个成员的表现需要教师给出恰当的评价。

最后，对班级里一些表现优秀的小组给出一定的评价，这可以让学生意识到合作小组是一个集体，每位成员想要实现自己的个人目标，就必须依赖整体目标的实现，从而培养学生建构较强的合作精神以及合作学习能力。

三、体验式学习

（一）什么是体验式学习

体验式学习通过关注学生学习的动机，使学生在学习中获得一种心理和情感上的体验，并扩大积极情感在体验学习中的作用范围，从而提高教学效果。

具体来说，体验式学习需要教师根据学生的认知特点进行教学情境的设计，从而呈现与还原教学的内容。学生在体验过程中建构知识，发展自己的能力、产生情感并最终生成意义。体验式学习尊重学生对知识的获得过程，体现出了教学的人文性。

学生在体验式学习过程中并不是简单地获得知识，而是更加关注对经验的总结与反思，因此带有实践性与思考性。美国社会心理学家、教育家、体验式学习大师大卫·库博（David Kolb）（1975）认为，体验包括以下四个阶段的模型：

（1）具体的体验（concrete experience）

（2）观察与反思（observation and reflection）

（3）形成抽象的概念和普遍的原理（formation of abstract concepts and generalization）

（4）在新的情境中检验概念的意义（testing implication of concept in new situations）

库博的体验学习循环如图5-1所示。

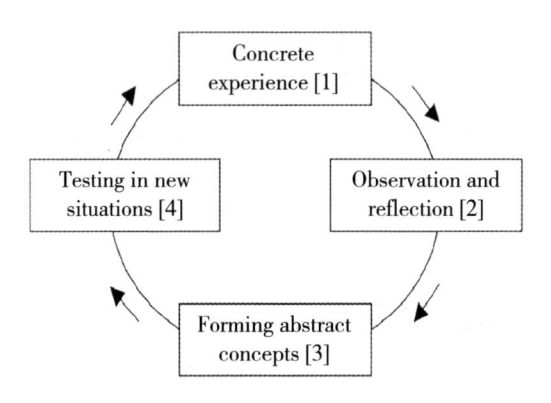

图5-1 库博的体验学习循环

（资料来源：王雷，2007）

从学校教育史上来说，体验式学习之所以多次被边缘化，但是又难以真正分割的原因在于体验式学习自身的优势。具体而言，体验式学习对教育的意义主要体现为如下几点：

（1）体验式学习中的情节记忆。现代认知心理学将人的记忆划分为两种：一种是陈述性记忆，另一种是程序性记忆。前者指的是个体能够有意识地回忆且能够清晰陈述的记忆，如语义记忆、情节记忆等；后者是关于如何做事的记忆，在执行动作或者认知技能时往往会被激活并提取。在体验式学习中，个体所包含的记忆与知识接受学习明显存在着差异性，这可以从斯登伯格（Sternberg）的模型中体现出来，如图5-2所示。

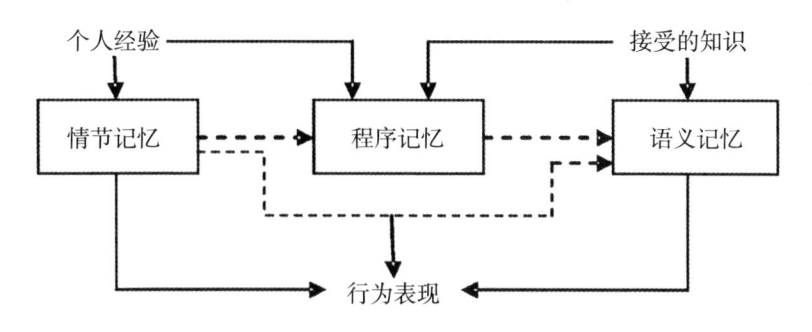

第五章　我国高校混合式教学推进的有效策略

图5-2　不同来源知识的记忆

（资料来源：庞维国，2011）

从图5-2中可以看出，体验式学习所获取的记忆不仅包括情节记忆，还包含程序记忆，并且二者都能够转化成语义记忆。同时可以看出，通过知识接受的形式学习，所获得的记忆并不包含情节记忆，只涉及程序记忆与语义记忆。也就是说，体验式学习要比接受学习更为丰富，能够为知识提供丰富的线索，让学习者获得可提取知识的量。另外，语义记忆需要多次记忆，但是情节记忆具有一次性习得的特点，因此可以借助体验式学习获得一些情境性知识。

（2）体验式学习中的情绪记忆。在体验式学习中，情节记忆不仅涉及时间、地点、事物等，还包含与其相关的情绪记忆，并且本身具有促进记忆的效果。在体验式学习中，知识记忆与情绪记忆具有一致性与共时性，因此两种记忆会同时被编码，进而在头脑中存储下来，通过这种双重编码，使得体验式学习获得的知识不仅被相关知识激活，而且被情绪记忆激活，从而便于人们回忆。

（3）体验式学习的自我决定性。体验式学习以学习者为中心，在这种学习条件下，学习的形式、内容、场所、时间等往往由学习者控制和选择。与接受式学习相比，体验式学习更具有个性化与自主性。体验式学习还是一种情境式学习，虽然学习目标与过程是事先规划好的，但实际在学习过程中，学习情境的动态变化性会使得学习者的学习内容、学习目标发生改变，从而呈现出开放性，其不仅有助于培养学习者的自我调节能力，而且有助于让学习者体验到更多的自我责任感。

（二）体验式学习的优势

体验式教学主要是"以外部事物对学生思维的影响度为出发点，采用相关情景呈现等方法，调动其语言学习的自主性和积极性，从而达到提高水平的目的"[1]。具体来说，体验式学习的特点主要包括以下几个方面：

1.强调个体参与

体验式学习注重学生在做中学、在乐中学，因此产生积极的情感体验成为体验式学习的重要特征。

这种学习方式强调个体的参与性，注重学生情感体验的获得。因此，教师需要以此为根据设计丰富多样的教学情境，激发学生的学习兴趣，让学生获得愉快的学习感受。

2.强调真实语境

体验式学习主张将学习活动置于真实的语言环境中，学生在这种场景中来感知自身角色，学习一系列与生活相关的语言知识。

3.强调获得经验

体验式学习需要把熟悉的未来场景引入学习者的视线。[2]学生通过场景的反复模拟，能够积累自己的生活与交际经验。这种知识的积累带有乐趣，能够使学生产生积极性与主动性。

---

[1] 谢大滔. 体验式教学在高校自主学习中的应用[J]. 教育探索，2012（9）：70.
[2] 梁为. 基于虚拟环境的体验式网络学习空间设计与实现[J]. 中国电化教育，2014（3）：82.

（三）体验式学习的开展

1.实施实时交互与协作

现在，师生之间可以在信息技术环境中进行随时的交互与协作，学生可以在网络平台上发布自身学习中所遇到的心得与感受，或者吸取他人的学习经验，教师可以根据学生的反馈信息掌握学生学习中的难点与体验点，从而更好地帮助学生掌握知识，并给予学生更有针对性的指导。由于信息技术平台不因时间、地点影响学习者的沟通，因此学生之间也能进行及时的沟通，并组成相应的学习小组，从而取长补短、分工合作。信息技术的实时交互平台有很多，如微博、微信等。

2.创建个性化的学习环境

体验式学习方式主张发挥学生的个性特点，使学生在学习中成长。信息技术资源的利用可以给学生的个性化学习体验打下良好的基础。由于不同学生个体的差异性，因此其学习所需要的具体学习资源也不尽相同。传统课堂教学由于条件的限制无法照顾到每个学生的个体需要，致使教学处在一种硬性统一之中。

在信息技术环境下，教师可以设计满足不同学习体验的活动，从而使学生掌握学习的主动权与自主权，能够根据自身的兴趣和长处展开学习。这种学习能够增加学生的成功体验，从而增强学生学习的自信心与自豪感。

3.开展网络游戏化教学

网络游戏化教学指的是借鉴游戏的自主性、挑战性、悬疑性等理念，将具体的教学目标隐藏在游戏关卡之中。教师可以根据不同的学生年龄阶段和学习情况，采用相应的游戏化教学策略，从而寓教于乐，使学生在放松的心态下掌握一定的知识，提高自己的技能。

游戏化教学的实施是以网络环境为基础的，通过网络技术，教师能够构建更为有趣、逼真、丰富的学习空间，使学生在网络环境中扮演不同的角色，体验语言交际所能使用到的交际规则和语言知识等。

第六章 高校混合式教学教师发展研究

　　随着时代以及社会的快速发展，混合式教学在应用过程中逐渐被人们所接受与认可。然而，任何新事物的发展都需要一个过程。对于混合式教学模式而言，其发展过程中有一项重要的影响要素不容忽视，那就是教师。在一定程度上可以认为，教师混合式教学能力的高低将对混合式教学模式的未来发展产生决定性的影响。为此，本章主要对高校混合式教学教师发展进行研究，包括高校混合式教学中的教师角色的新定位、高校混合式教学背景下教师专业素养构成、高校教师的专业发展路径研究以及革新教师的培育模式。

第一节 高校混合式教学教师角色的新定位

一、高校教师的传统角色

教师职业是人类最古老的一种职业,这一职业的角色定位随着时代的发展不断地发展。传统教师的角色注重教师的"教",注重传道受业解惑,强调教师是知识的诠释者,是权威,是课堂教学活动的组织者以及教学方法的探求者,相对忽视学生的"学",随着建构主义、人本主义教育理论的兴起,教师已不再是教学的中心,教师的角色开始多元化。

(一)知识的诠释者

高校教师是知识的诠释者,他们在开展课程教学之前,首先必须具备渊博的知识。简单来说,高校教师需要对专业知识有系统的、全面的把握,并能够从这些知识中分析出现象。一般来说,教师需要掌握的专业知识包括理论知识、语境知识、实践知识等,高校教师只有掌握了这些知识,才能解决学生学习中遇到的实际问题,帮助学生提升自我,实现更好的输出。

(二)课堂活动的组织者

在课程教学中,课堂教学是其重要的载体与媒介。高校教师要想提升自身的教学质量,必须要设计出合理的课堂活动,如辩论、对话、对话表演等,这些都是能够让学生参与其中的活动,让学生有真实的训练机会,提升自身的表达能力。在这之中,学生也会不断加深对知识与技能的印象,巩固自身的知识体系。

（三）教学方法的探求者

高校教师在课程教学中不能仅使用一种教学方法，应该承担起教学方法开发者与设计者的角色，创新教学方法，使教学课堂更多样有趣。与其他阶段相比，高校课程教学具有极强的实践性，因此其与教学方法的关系更为密切，甚至教师对知识的分析、学生技能的掌握、教师课堂活动的组织等都需要考虑相应的教学方法。

随着很多学者对课程教学进行深入的研究，探索出了很多教学方法，这些教学方法各有利弊，高校教师需要考虑教学的实际情况以及学生的实际水平，选择适合自己的教学方法组织教学，有时候甚至需要多种方法并用，从而传达出最佳的教学效果。

二、混合式教学中教师角色的重新定位

随着第四次工业革命的兴起，信息化时代的到来，信息技术的革新在教育领域得到了广泛的应用。教师的角色更加多元化，除了学生学习的引导者和促进者，信息化时代下教师更多的是引导学生情感、态度、价值观的转变以及合作能力、创新能力和社交能力等方面的发展。

随着人工智能以及移动通信技术的发展，教师的协同化角色更加信息化，混合式教学模式对于教师的信息技术的要求越来越高，教师适应和利用现代信息技术的能力，协调线上教学设计与资源以及线下教学之间的能力越来越重要。具体表现为以下几个方面：

（一）单元任务的设计者

要想实现单元主题目标，就必然需要对单元任务进行设计，这是高校教师的一项重要任务。学生通过教师设计的这些真实的任务，可以拓宽自己的知识面，还能够提升自身解决具体问题的能力。因此，在学习中，单元训练

任务的设计是非常重要的。

这要求教师应该在网上设计相应的单元任务，让学生在规定的时间内完成，最后提交完成任务的结果。通过这种方式，学生可以降低自身的压力，让他们愿意参与其中。另外，通过网络，学生可以根据自身的实际情况选择教师设计的任务，遇到问题时也可以与教师或其他同学进行网上交流，最后呈现自己的作品或观点。显然，这种方式不仅锻炼了学生的水平，还有助于提升学生的兴趣和积极性，加强人与人之间的交往与合作。

（二）有效主题教学模式的设计者

在新形势下，课程教学要求教师不断探求新的教学模式与方法。具体来说，高校教师不仅需要发挥网络的优势，还需要提升学生学习的效率。对此，高校教师在设计主题教学模式时，应该选择学生感兴趣的话题，并且整个教学模式都围绕这一主题开展，以小组合作讨论的形式完成任务，最后提交讨论结果。

当然，处于网络环境下，高校教师设计的每一个主题应该能让学生在网络上找到丰富的资料，包含这一主题的文化背景与发展动态，然后由学生进行总结与归纳，进而在网上进行讨论，这样的设计模式实际上帮助学生摆脱了课本的限制。

另外，在设计有效主题教学模式时，高校教师要尽量链接一些有效网址，帮助学生接触更多的国内外知识。高校教师还可以下载一些前沿性的资料，以吸引学生，提升他们的求知欲。

（三）学生网络学习的帮助者

在课程教学中，网络能够起到监控的作用。通过网络监控，高校教师可以对学生的学习过程有所了解与把握，从而帮助学生实现自己的学习需要。高校教师是学生进行网络学习的帮助者，尤其对于差生而言，高校教师更是发挥了重要的作用，他们通过记录学生浏览网页的情况，了解学生是否参与其中，从而清楚学生在学习中遇到的困难，之后帮助学生解决实际的问题。

（四）在线学习系统的建立者和学生学习过程的监控调节者

网络为学生的学习提供了便利，而教师在这之中充当了调控学生学习、提供个别指导的作用，但在这之前，首先就需要建构一个完善的在线学习系统。在这一系统中，有教师与学生两个端口。学生通过填写自己的信息，向教师端提出申请，教师负责审核，使学生加入到这一系统中。

根据在线学习系统的导航提示，学生可以获取自身所需的资料，也可以下载下来。例如，某一在线学习系统可能包含"单元测试"与"家庭作业"两个项目，在"单元测试"中学生可以进行训练与测试，在"家庭作业"中学生可以提交自己的作业。之后，学生可以通过论坛、微信等与教师进行讨论，实现网上交互。

第二节　高校混合式教学教师专业素养新构成

一、高校混合式教学中教师专业素养的构成

（一）高校教师基本素质的传统构成

一方面，我国华东师范大学著名的教育学者叶澜教授对教师的专业素养从教育理念、专业知识以及实践能力三个方面进行了划分。有的学者也从专业理念、专业能力、专业道德、专业情感四个要素对教师专业素养进行了新的划分。我国对于教师专业素养的结构划分研究一般分为3要素、4要素和5要素说。具体而言，教师专业素养3要素一般包括专业知识、职业技能和专业情感三个方面，4要素一般包括专业理念、专业知识、专业技能和专业情感四个方面。5要素说一般包括专业道德、专业理念、专业知识、专业技能

和专业指挥五个方面。近几年的研究以黄友初（2019）、朱立明等（2019）、宋雅等（2020）为代表，如表6-1所示。

表6-1 我国高校教师基本素质的传统构成

研究者	构成要素
黄友初（2019）朱立明（2019）宋雅（2020）	学科基本知识、教育学科知识、教育理论知识
	语言表达能力、教育研究能力、教育想象力、教学设计实施能力、自我反思能力、交流协作能力、评价能力
	专业理想、学生信念、教师信仰、自我认识信念
	职业价值指向、职业道德

另一方面，根据北京师范大学心理学院博士生导师林崇德先生提出的"三层次五成分"教师素质观，从当前高校教师的基本情况考量，高校教师素质的内涵可以涉及如下几个层面：

1.职业理想

教师的职业理想是教师从事教学工作的兴趣与动机的体现，是其献身于教学工作的原动力。在混合式教学中，教师的职业理想表现为积极性、事业心、责任感，高校教师具备的崇高职业理想是他们开展混合式教学活动的有利层面。

2.知识水平

教师所具备的知识水平是教师开展教学工作的前提。林崇德（2005）从功能角度出发，将教师的知识结构划分为四大部分：本体性知识、文化知识、实践知识、条件性知识。

3.教育观念

教师的教育观念是他们在教学活动中形成的对教育现象的主体性认知，是从自身的心理背景出发进行的认知。一般来说，教育观念包含知识观、教育观、学习观、学生观等。

4.监控能力

教师的监控能力指的是他们为了保证教学能够顺利实现预期目标，在教学过程中对其进行主动计划、检查与反馈等。具体来说，包括对课前教学的设计、对课堂进行管理与指导、对课堂信息进行反馈。事实上，教学监控能力是教师对其认知的调节与控制，是教师思维反省与反思的体现。

5.教学策略与行为

教师的教学策略与行为是教师为了实现教学目标，从学生的特点出发，采用各种教学手段展开因材施教。在混合式教学中，教师的教学策略与教学行为是教师根据不同学生的学习风格与水平差异，创造符合学生风格的课件，采用网络多媒体技术，将自身的教育思想与学生容易接受的方式完美地融合。

（二）高校混合式教学中教师专业素养的新构成

1.开发教学集体智慧

混合学习集体智慧课程模型是以网络信息通信技术为背景的网络教育，是开发集体智慧的一个有效平台。集体智慧是可以通过网络分享许多学习者自己的知识和经验，个人之间相互作用，提供这种开放的空间，并通过"大规模协作"得到持续的发展。韩国学者李游娜（2011）开发了混合学习集体智慧课程模型。该模型将混合式学习智慧课程的教学过程分成了三个阶段，即学习准备、教学实施、综合省察。其中，教学实施阶段分为共享模型（面+网）、合作智慧（面+网）、多样性（网+面）、集体记忆制度（网+面）、社会网络（面+网）等。这是由"被动接受学习"转变为"学习者自主学习为中心"的"混合集体智慧授课模式"。

集体智慧是指在学习过程中，学生不仅可以通过自身的智慧，还可以通过建立与每一个人的智慧获得更多的学习成果。这反映了未来学习的概念，即随着数字技术的快速发展，共享、连接和扩展，混合式学习模式可以拓展学习的时间和空间，丰富学习资源，有效地连接相关的人和事物，形成有效的学习社区，大大提高教学质量，这将对未来的教育产生巨大的影响。因此，在混合式教学环境中，开发集体智慧已经成为未来教育者应有的能力之一。

2.提升创意性教学

教授的创意性是指在学习活动中发挥学生的创意潜力，促进学习活动方式多样化的能力。混合学习模式的特点是丰富多样的学习资源，大大拓展了学生的潜力和创新能力开发空间。因此，教授创意性是教师开发学生创意性潜力的必要对策。对于优秀的教师来说，教授的创造力可以帮助学生发现创造力并提高批判性思维能力。

二、高校混合式教学中教师信息素养的提升路径

（一）实行专业引领

当前，我国的混合式教学模式在不断革新，先进的理念需要有骨干、研究者的带领，才能促进自身的专业发展。一般来说，教学专家、资深教师等都可以起到专业引领的作用。普通高校教师要向他们学习，接触先进的思想与经验，从而推动自身的专业化发展。

1.专业引领的要求

其一，要将专家与骨干教师的积极性与能动性发挥出来。不同的引领人员，他们的侧重点必然不一样。专家一般注重理论，因此在引领上注重理论与实践紧密结合。骨干教师侧重实践，因此在引领上注重具体操作。但无论是哪一种，都要求具备较高的引领能力。

其二，高校教师要保证内容、目标等的正确，采用的方法要恰当。高校教师专业发展的总目标在于让他们能够对新知识、新信息予以把握，并且能够在这些新知识、新信息的基础上提升自身的专业素质。不同的高校教师存在着个体的差异，因此在专业发展、水平上也必然不同，因此在进行专业引

第六章　高校混合式教学教师发展研究

领时，需要考虑不同教师的具体情况，对不同的教师制订与他们相符的方法，从而实现专业引领的合理性与有效性。

2.专业引领与高校教师专业能力发展

从上述分析可知，专业引领对于高校教师专业能力发展非常重要，具体而言可以从如下几个层面着眼：

其一，阐述教学理念。就很大程度上而言，高校教师的教学行为往往会受到教学理念的影响，因此在专业引领中，专家、骨干教师等应该尽可能引导普通的高校教师熟悉与掌握教学理念，可以采用讲座或者报告等形式。

其二，共同拟定教学方案。当普通的高校教师对先进的理念进行掌握之后，专家、骨干教师应该与普通的高校教师共同探讨先进的教学方案。在这一过程中，专家、骨干教师不仅是引领者，还需要对普通的高校教师的教学设计提出建议、给予指导，从而让普通的高校教师的教学设计更为完善。在专家、骨干教师等的引领下，普通的高校教师能够顺利地制订出与教学理念相符的教学方案，并将这一方案付诸实践。

其三，指导教学实践尝试。当制订完教学方案之后，就需要将其付诸实践，从而对教学方案进行验证。在验证时，专家、骨干教师应该参与其中，对教师的教学行为进行记录，从而与具体的方案进行对比，找出差距。在教师结束课堂之后，专家、骨干教师与普通的高校教师进行分析与探讨，对教学方案进行修订，从而使方案更完善、更切合实际。

（二）提高教师专业发展意识

所谓教师的专业发展意识，指的是教师按照教师专业化的要求，对自己专业发展过程、目前专业发展状态，以及未来专业发展规划的系统化、理论化的认识。教师的专业意识是基于教师的自我意识、职业认同、动机的基础上产生与呈现的，其对于教师素质与能力的拓展起着重要的规划与导向作用。

提高高校教师的专业意识，首先就要掌握一定的方式、方法和策略，这是混合式教学能力培养的中观层面。在这一层面中，高校教师的职前培养、教学实践、在职培训、协作交流、自主学习等是最为主要的几个方面。

1.进行职前与在职培养

高校教师混合式教学能力的发展是一个系统的过程，进行职前与在职培训是高校教师混合式教学能力发展的重要促进环节，二者是紧密结合的，通过职前培训，可以使高校教师系统掌握混合式教学技术的知识和能力，为下一步高校教师在混合式教学过程中运用信息技术打下了坚实的基础。通过在职培训，可以让高校教师及时学习最新的混合式教学技术，并可以与更多的高校教师进行沟通交流，从而提高自己的混合式教学能力。

2.传统方式与网络方式相结合

在当今混合式教学中，利用信息化技术进行混合式教学时，也不要忽略了传统的混合式教学方式，要将传统的教学方式与网络方式结合起来进行，教师在教学过程中要与学生进行不断的面对面的交流，不断提高自己的混合式教学能力。随着信息技术的不断发展，人们获取信息资源的渠道逐渐多元化，无论是知识的获取还是教学经验的分享等都可以通过网络来获取。因此，将传统方式和网络方式结合起来能极大地提高高校教师的教学能力，从而促进混合式教学质量的提升。

3.自主学习与合作交流相结合

在混合式教学过程中，高校教师要想具备一定的混合式教学能力，就需要通过不断的学习和提高，以适应不断发展和变化着的学校教育。在平时的工作中，高校教师可以通过自主学习掌握基本的信息化技术手段，与其他的高校教师进行沟通与合作，多参加一些与混合式教学有关的研讨会等，逐步提升自己的混合式教学能力。在面对面协作交流的过程中，要注重提高虚拟的、跨时空的协作交流能力。这对于高校教师掌握信息化技术、提高混合式教学水平具有非常大的帮助。

4.技术知识与实践应用相结合

信息化技术知识与能力主要是高校教师通过职前培训得到的，但需要注意的是，仅仅掌握信息化技术知识还远远不够，还要具备一定的技术知识与实践应用相结合的能力。通过信息技术的培训，高校教师可以在学习中体验和模仿，强化对信息技术知识的实践应用。只有将技术知识与实践应用充分结合起来，才能实现既定的学习目标。

混合式教学的技术手段有很多，作为一名高校教师，一定要学习和掌握基本的教学技术软件，尤其对于一些年龄较大、不易接受新鲜事物的高校教师而言。在平时的混合式教学中，PPT演示文稿、多媒体教学软件等都是最为常用的技术，高校教师还要利用计算机搜集和掌握一些教学素材，不断提高自己的多媒体技术能力，从而不断提高自己的混合式教学能力。

随着现代信息化技术的不断发展，网络上出现了各种培训课程，其中有关网络技术的培训课程也是相当多的，这一部分课程既有免费的也有付费的，通常都有着较强的专业性，作为一名高校教师，可以多参加一些网络技术课程的学习，从而提升自己的混合式教学能力。

第三节 高校混合式教学教师专业发展新培育模式

一、教师专业发展的概念

如欲获得教师专业发展的本质认识，还需要厘清教师专业发展与教师专业化、教师专业素养的结构，教师专业发展的主动性等基础性问题。

第一，教师专业发展与教师专业化。教师作为一门古老的社会职业，但职业不能等同于专业，因教师职业的特殊性等因素的影响，其专业性地位在长时间受到多方质疑或争议。由此，20世纪60年代开始，在要求大力提升教师素养的背景下，欧美国家兴起了争取教师专业地位及相应权利和教师专业能力的教师专业化运动，但在运动中由于片面追求教师群体的专业地位及权利却忽视了教师个体关键的教育实践能力的发展,从而导致活动到20世纪80年代前,并未取得实质性进展。20世纪80年代后,各国在加强教育改革中,充分认识到教师是改革的关键,从而对以前忽视教师个体专业发展的做法进行批评和反思,促使教师专业化的目标重心从专业地位与权利的诉求转移到教师专业发展上,成为教师专业化的方向和主题。随着促进教师专业发展的各种活动的开展,人们越来越认识到,提升教师专业地位的有效途径是加强教师教育,促进教师专业发展,只有不断提高教师的专业水平,才能使教师成为一种受人尊敬的专业人员。总之,教师专业发展来自争取教师职业专业地位运动的经验总结,并成为人们所认可的实现教师职业专业地位的有效途径。由此,在研究中需要注意不能忽视教师专业化这个大前提,不能片面强调教师个体的发展。

第二,教师专业素养结构。教师专业发展应朝向哪些内容和目标?如何评价教师专业发展的效果?如要解决这些问题,必须清楚教师专业素养的结构问题。关于教师的专业素养内容,众多学者对其进行了研究,比较具有代表性的有:中国著名教育家叶澜的专业理念、知识结构、能力结构;[1]台湾师范大学教育学博士林瑞钦的所教学科的知识(能教)、教育专业知能(会教)、教育专业精神(愿教)[2],等等。总之,从以上的研究表明:作为一名优秀的教师应具备多方面的专业素养,概括起来主要包括三个方面:专业知识、专业技能和专业情意。

第三,教师专业发展的主动性。从已有研究中关于教师专业发展的概念中,都忽视了教师专业发展主动性的问题,几乎一致把教师会主动发展作为预设前提。但现实中教师的存在方式是多元化的,主要有"生存型""享受型""发展型"。其中,生存型的教师面对生活的各种压力,是否有强烈的意愿关注自身的专业发展呢?由此,在涉及教师专业发展的概念界定时,需要特别注意教师现实的生存方式与生活环境的前置条件,调动教师专业发展的主动性。

---

[1] 叶澜. 新世纪教师素养研究[J]. 教育研究与实验, 1998(1): 41–46.
[2] 林瑞钦. 师范生任教职志理论与实证研究[M]. 高雄: 复文图书出版社, 1990: 176.

二、教师专业发展的具体策略

反思性实践在教师专业发展中被认为越来越重要，很多学者一致认为教师通过不断反思自己的教学经验，从经验中学习。教师在教学实习期间学会教学的各种授课活动，更多的就是通过反复探索、反复尝试、反复训练获得各种教学经验。在教师专业发展中，知识构建的一个重要渠道便是教师与教师之间一起合作，一起反思。

（一）以学校为本位：积极展开校本培训

1. 校本培训的内涵

校本研究是以教师在教育教学中遇到的实际问题为研究的起点，换言之，校本研究中的"问题启动"指向意味着教师所研究的"课题"来自学校教师自己的教育教学实践。就校本研究来说，其研究的问题不但直接来自广大教师的教育教学实践，而且还贯穿于他们的教育教学全过程，研究的出发点和落脚点都是为了教学问题的解决。

2. 校本培训的具体途径

（1）校企合作途径

校企合作理念是应社会所需，将学校的人才培养与市场紧密接轨，与企业高效合作，实践与理论相结合的全新理念。在这种理念的指引下，越来越多的职业院校将校企合作提上重要日程。它们通过与企业之间建立合作的教育"双赢"模式，注重学生在校学习与企业实践的结合，实现了学校与企业资源、信息共享，达成了人才培养的实用性、实效性、高质量。聚焦到教育行业，由于教育师资的短缺，校企合作培养教师也成为一种主要模式和路径。

早在1986年，美国卡内基基金会的《国家为21世纪准备教师》中指出："为教师职业准备的最好环境是一所联系中小学、幼儿园和大学的临床教学学校。"

2017年10月18日，习近平总书记在十九大报告中指出"优先发展教育事业""完善职业教育和培训体系，深化产教融合、校企合作"。

党中央和国务院在就如何育人问题进行重大决策部署时也曾经指出，高等教育必须落实立德树人这一根本任务，深度融合政府、学校和行业企业等各育人主体。校企合作的基础就是寻求合作的共赢点，除政策支持外，企业参与校企合作可以获得专业指导、技术服务、资源平台支持、行业发展信息动态、人才储备等方面的赢利，高校参与校企合作可以获得专业建设、师资队伍建设、教师企业实践、学生企业实习等方面的赢利。

教师队伍培养培训模式研究正是基于校企合作"共建共赢"的理念引领。学校在开展专业建设、课程建设、专业师资队伍建设、外聘师资队伍建设、校外实训基地建设、技术服务开发、学生实习等教学工作时，应结合当地学校特点，努力形成百花齐放、各具特色的良好校企合作格局。校企结合自身学校规模、师资状况、发展需求，有计划地进行探索性的校企合作，如提出订单培养计划，由校企共同研发制定订单教学内容；提出师资培训需求，由校企共同研发校本培训项目；提出其他技术支持需求，由校企共同研发给予技术支持等。

对于校企合作途径的分析，首先需要弄清楚"校"与"企"。"校"指的就是学校，而"企"指的就是企业或"行业界""工业界"，因此校企合作就是学校与企业的合作。

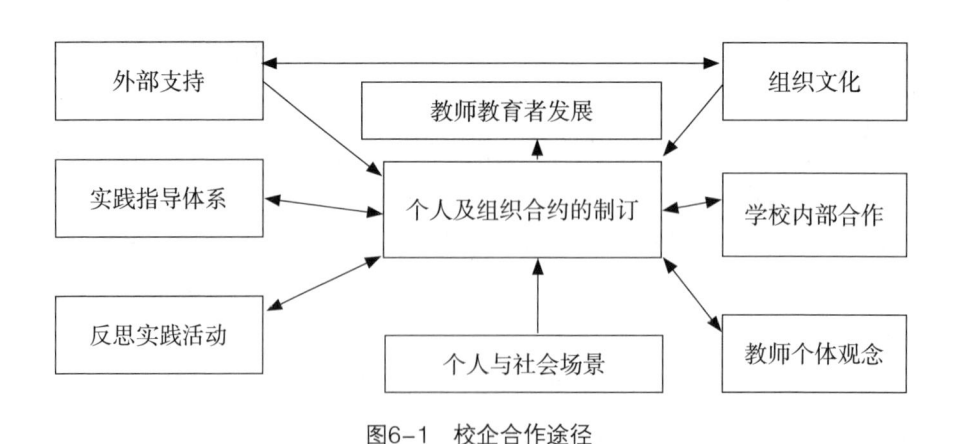

图6-1 校企合作途径

（资料来源：孟丽华，武书敬，2015）

第六章　高校混合式教学教师发展研究

基于不同目标导向的模式。合肥工业大学教授王章豹根据校企合作目标导向的不同,将校企合作模式分为如下四种:[①]

①人才培养型合作模式。这一模式是企业从市场需求与自身特点,同职业院校展开订单式培养模式。在人才培养上,很多校企建立了合作关系。

一方面,职业院校可以利用科研条件,为企业培养定向科技人才与管理人才,这在一定程度上可以解决企业人才匮乏的问题。另一方面,企业可以运用先进的设备,为职业院校提供实习基地,这也成为职业院校培养人才的重要内容。

采用这一模式,职业院校主要是为了提升学生的创新与实践能力,企业则是为了开发高素质的创新人才。这一模式的特点在于以合作教育作为手段,通过定向模式为企业培养人才。

②研究开发型合作模式。这一模式中校企双方以科研为突破口,促进双方科技与经济的结合,提升各自的企业技术创新能力。一般的形式是职业院校向企业转让科技成果,或为企业提供管理、技术咨询;校企之间联合开发重要科研项目;校企共建联合实验室、工程研究中心等。

③生产经营型合作模式。这一模式中校企开发科技含量高、附加值大的产品,用以满足市场的需求,提升企业效益。在这一模式下,职业院校一般以技术入股,参与技术开发,个别职业院校当然也会注入一定的资金,实现双方的共赢,当然也共担风险。

④主体综合型合作模式。这一模式中校企双方合作的目的具有多向性,即通过深层次的合作,实现培养创新人才的目的,同时还能够获取最佳的利益。这一合作模式不是一对一的合作,而是一对多、多对多的合作,这一模式便于建立较大的产业园、科技园。

校企共同修订完善《校企合作实施办法》《科技特派员工作管理程序》等文件,运用职业院校的人力资源优势以及先进的设备,与企业共创集合生产、科技、人才、应用等为一体的运作体系,形成校企共赢的局面。

---

① 王章豹,祝义才. 产学合作:模式、走势、问题与对策[J]. 科技进步与对策,2000(9):115–117.

校企双向服务的内容包含如下几点：

第一，依托校企合作办学理事会，发挥职业院校自身的职能，依托企业行业优势，运用教学资源，建构优势互补的双向服务机制。

第二，建设专业课程与资源。校企双方应该从市场人才需求情况出发，共同开发专业课程，建立能够将职业能力培养凸显出来的课程标准。企业也需要提供相关的行业技术、职业资格标准，运用自身的素材，对校方的教学资源库加以丰富。

第三，实行订单式人才培养。在招生之前，校方与企业签订办学协议，展开订单式人才培养模式。校企双方共同制订课程标准、人才培养方案，专业课由学校的教师进行讲授，企业负责学生的实习，毕业后直接参加工作，实现企业的要求。

第四，进行科技开发合作。校企双方进行各个层次、类型的科研开发，校企联动参加行业活动，双方将各自的优势发挥出来，与地方特色相符的各个行业展开深层次合作，争取地方政府的支持。

第五，校企双方合作构建双师队伍。可以聘请一些专家或者技术人员，来担任兼职教师展开教学，承担一部分的实习培训工作，也可以为教师举办培训班，深化他们的机能。

（2）校本教师培训

校本教师培训是在教育专家指导下，由学校和教师发起组织的、围绕着学校教育教学发展、改革中所遇到的各种实际问题，利用一切可以利用的教育资源，促进教师教、学、研的统一，从而实现教师专业发展的培训模式。

强调教师自主学习。学校教师专业发展实质上是其进行自我定向、自主学习、自主发展的动态过程。因此，要实现学校教师自身专业的发展，需要促进其形成实现自身专业发展的自觉意识。在进行校本培训的时候，要尊重教师的自主性理念，促进教师自主发展，并为教师的自主发展提供有利的资源、条件和引导。

加强教师间的互助合作。在校本培训中，改变了传统培训中培训者高高在上、受训者被动接受培训的局面。校本培训建立在对校内培训资源充分利用的基础上，而且每位教师都有自身独特而又宝贵的教学经验。为此，通过搭建教师间合作互助的平台，促进教师间交流、分享教育教学经验，整合和重建各自的经验背景，促进自身专业的发展。

重视同行专家的指引作用。虽然校本教师培训的核心理念在于倡导自主学习、推动合作互助。但是专家的支持和引导又具有重要作用。为此，要大力倡导以老带新的"导师制"，对新教师实行"一帮一"的指导活动，从而极大地促进学校教师专业发展。重视专家的引领作用，还应该重视发挥专家的"教学督导"作用，对上起到"参谋""反馈"的作用，对下进行"监督""指导"。

注重组织制度保障机制建设。学校应该积极建立"教学发展中心"，对教育资源进行整合，为教师提供教学支持，提升教师的教学质量，推动校本教师培训的开展；将有关教育教学、教师培训的标准、要求等规范化、制度化，对学校教师专业自我发展进行严格管理等，实现其专业成长。

3.校本培训实施的控制

自校本培训规划正式进入实施阶段后，一定要及时收集有关培训活动实施的相关资料，全方位地剖析开展现状和培训规划间的实际距离，并且在此基础上深入剖析形成距离的本质性原因，以便采取可行性举措来纠正偏差，与此同时要持续跟进和落实培训规划。

（二）在反思中成长：注重教学反思

1.教师的反思性特征

美国哲学家、社会学家、现象学家阿尔弗雷德·许茨（Alfred Schutz）在《社会世界的意义建构》中认为，如果行动只是朝向行动对象，这是没有意义的行动。只有在反思中将行动所获得的知识转变为经验，行动才会变得有意义。反思性不仅仅是一种属性，而且还是行动的内容。反思不论是个人层面还是行动的模式化层面，都是对已经发生的事件进行检视的过程和结果。对于教师的专业能力而言，一般有两种认知倾向和争论，即到底教师是作为"技术熟练者"还是"反思性实践者"的身份存在于教学专业活动中。对教师专业属性的明确定义以及相对应的专业角色的定位，对教师专业发展有重要意义。

信息化时代我国高校混合式教学实践与创新路径研究

教师专业发展一直是教学研究中的关注点,但是从相关的研究内容来看,研究的侧重点基本上都在探讨教师某种教学素养和能力的养成。教师的自我反思是教师作为专业教学人员所应该具备的一项重要能力。教师通过对从不同教学情境中所获得的经验进行反思,可以有效地促进教师的自我发展。有效的专业反思需要教师深入理解反思性教学的实际内涵,对于语言教师来说,反思应该是由一系列的批判性思维活动所构成的循环,并不断地通过反思来指导教学事件,这样有助于教师成为自身教学活动的评估者。与教师的反思性教学能力发展息息相关的,就涉及教师对于教学现场的实践经验的学习以及对各种资源的利用能力发展。行动学习是指教师在教学行动中通过对教学现场的理解并结合自身经验而进行决策的能力,与教师专业能力发展息息相关。行动学习作为教师现场式学习的一种有效途径,可以有效促进教师的多维专业能力发展,提高教师的批判性教学反思能力。教师的教学事件无论是其实际的教学决策还是反思能力,都与教师对于与教学相关的资源进行利用有关。教师与各种教学相关资源之间的关系,被很多研究者认为是一种互动式的关系,教师既利用已有资源进行教学,同时也是教学资源的创造者。这种互动式的教师与资源之间的关系对教师在教学实践中的能力发展,特别是教学设计能力有重要的影响。从概念表面上看,这种理念与吉登斯的结构化理论有了呼应,但似乎还是有将资源作为独立于教师之外的某种客观性的存在,并特别关注教师与这种客观资源之间的互动关系模式。也有研究者将教师自身作为资源来对教师与教学资源之间的关系进行深入理解,并在更加注重教师教学能动性的角度来对外语教师专业发展进行研究。以自身为资源体现了教师注重自主专业意识、教学、科研、实践等方面的自主反思、自我规划、自我评估的专业发展模式。

对于沟通行动在教学活动中的作用,有学者认为交往行动有助于多元共生教学思维模式的形成,并促进新型教学方式的出现。也有研究者认为权力的赋予有助于加强对教师个体层面的关注,有助于教师在教学行动中生成专业认同,形成专业共同体,促进教学行动和教师专业发展。

在教学活动中,行动者并非只有教师,但是教学活动中教师的主导作用及其教学权力决定了教师是教学行动中的行动者。以教师作为出发点来对教学行动及其相关要素之间的关系进行实证研究,并尝试理解教师的教学行

第六章 高校混合式教学教师发展研究

动,对于教学研究有重要的实践意义。

教师的教学行动引导学生的学习行动,进而形成互动。而教师作为行动主体所拥有的符号资源,以及作为行动者的利益偏向、目的理性行动都是教师教学权力的来源以及教学行动可利用的资源。从社会属性来看,课堂教学中的社会行为可分为控制与服从、对抗与磋商、竞争与合作三个大类。有效的教学行动策略对于教学活动的有效性起到重要的作用,虽然我国课程改革在教学上已经取得了一定的成就,但是教师的教学习性对于教学行动策略有着重要的影响,教学习性是教师在理解课改,并生成教学时间行动的内在依据。在我国教学改革的不断推进过程中,仅仅注重形式上的教学行动改革是远远不够的,要改变教师的已有教学习性,并使教师的教学主体自觉性不断发展,需要我们对教师的教学观念和价值观进行深入的研究和探索。

教育教学改革的成败关键在于教师的教育教学理念,因此教师的专业发展应该注重从教育教学理念的形成和发展的角度进行探讨。教师教学理念的形成,在很多研究者看来与其知识有一定关系,但是和工作中的同事、同伴的影响关系更加密切。有研究者认为,除了注重对教师自身的反思性教学能力以外,从教师团体的角度来对教师在与同事协作过程中的专业发展进行研究也具有一定的实践意义。作为教师队伍中特点鲜明、规模庞大的群体,同伴互助更有利于这个教师群体间的协作与反思。由于多方面的原因,教师中女性教师的数量比例一直较高。女性教师数量较多虽然在教学工作中是一个较为普遍的现象。这个现象的形成原因较为复杂,因此我们更应该将研究关注点投入到对这一特殊群体在现实情境中的专业发展上,而不是仅仅去讨论其形成原因。女教师的多重社会角色需要我们对其职业生涯发展的影响因素进行进一步的人类学、社会心理学方面的探讨,有助于我们深入了解女教师群体的专业发展和职业规划特点,并对其职业处境投入人文关怀。

女教师的多重社会角色决定其职业规划和个人应对在其专业发展中所产生的重要影响,客观公正的教师专业发展管理和政策制定有赖于对这部分群体的深入研究。除了教师群体中的性别因素外,教师专业发展方面的研究也对新手教师这一群体的研究投入了较多的关注。新手教师作为教学一线的新生力量,带着新时代的教学观、教学价值观等新观念进入到教师群体中,在很大程度上对大学教师的专业发展、提高教学质量、推进教学改革起着重要的作用。

2.教师进行教学反思的意义

教师进行教学反思，是以教学活动为对象，对教学中的教学方法、策略、手段、效果等进行全面审视、全面回顾和重新认识的过程。通过教学反思，教师能够产生新的、更合理的教学方案与实践活动。

教学反思的本质在于实现理想与实践之间的对话，它是理想自我与现实自我进行沟通的桥梁。这里的"反思"是一种内省活动或者独处放松时自己的冥想，是需要教师认真努力进行的有目的、有系统的深刻批判与反省，与一般的反思有一定的区别。教学伴随着整个教学活动的始终，对整个教学活动进行监视，对自身的教学经验进行分析和总结。

教师对在校学生的影响主要为学术影响，教师在教学中表现出来的认真、严谨、实事求是的学术态度，能够在潜移默化中影响学生。因此，教师有必要加深自己的学术知识，提高自身的人格修养。学术知识更多地表现为理论的总结和专业知识修养，但教学要求教师具有将自己所知教给学生的教学能力。教师只有在经验中学习，培植反思意识，适时更新教学观念，发现、解决问题，打破陈规，才能逐渐使自己成长为一名优秀老师。

另外，教师专业成长是一个持续不断的过程，因此教师要不断地观察、反思、自我审视，以促进自身的不断发展。实践表明，每位教师的教学都会不可避免地存在与教育教学目标错位的现象，教师通过认真思考教育问题，能够更好地完成教学目标。

随着高等教育的发展和教育改革的不断深入，教师经常会面对一些新的教育思想、手段与方法等"新事物"。这要求教师不断更新自己的知识结构，调整情感和意志，掌握反思、研究教学的能力，形成对教学工作有帮助的理论、新观念和思想等，给自己一次认识教学经历的机会，不断提高自身的教学水平。

3.教师教学反思的主要特点

教师的教学反思在目标上直接着眼于教学行为的改变，而不是为了获得

第六章　高校混合式教学教师发展研究

某一知识。从根本上说，教学反思关注的是在实践中运用知识，形成教学反思能力，改善教学行为。

教师教学反思的内容，要实现陈述性知识与程序性知识、现有知识和探索出来的新知识、理论与实践的结合。同时，它不仅仅关注所倡导的理论，更重视理论的实施及行为的结果。

教师教学反思的形成方式多为实践性的，需要在实践中不断地练习以形成较高的反思能力。对于教师来说，要重视对教学技能的反思和教学策略的反思，从而不断促进教学质量的提高。

4.教师教学反思的主要内容

第一，对教学观念的反思。教师要提高教学水平，使教学更富针对性，需要进行系统的理论学习，反思教学观念，促进教育观念的深层次更新与转变，以利于更好地教学。

第二，对教学设计的反思。在这一反思过程中，教师要检查自己的思路，及时调整自身存在的不适当观念和行为。教学设计要因人、因材施教，尊重学生，建立民主、和谐的师生关系，营造良好的学习环境等。

第三，对教学过程、自身教学行为的反思。教师进行的各项反思内容，最终都需要通过具体的教学过程来实现。因此，教师要重视对教学过程、行为的反思，找出其中的优缺点，以使教学获得更理性的改善，使整个教学过程有序地进行。

第四，对教学反馈的反思。这要求教师采取不同途径对教学活动中学生学习各方面的情况进行信息收集和反馈，在此基础上开展分析研究。

5.加强教师教学反思，促进其终身发展

教师的教学反思主要是其在教育教学过程中所遇到的难题和困难，这些难题可大可小，通过教师的自我反思能顺利解决这些难题，提高教学效率。教师作为教学反思的主体，反思的成效主要是由教师在教学反思中的积极性和主动性决定的。作为一名教师，其具有多学科的知识，因而进行教学反思的同时要注重不同学科间的相互联系，采用多种方式进行教学反思，如教师互相评价、组织专家学习、写教学日记等，提高教师的综合素质和专业能力。此外，教师的自我反思很难做到深刻且全面，要加强同事之间的对话和交流，认真听取来自他人的意见，以便对自己所出现的问题有更全面、更深刻的了解，真正将教学反思作为提高专业发展的重要途径。

教师在反思的过程中，不断更新自己的知识，结合最新的教育政策，加强学习各方面的知识，掌握多学科的知识，从而为全科教学打下坚实的知识基础。因此，作为教师自身要有主动进行教学反思的心向，这样才能加快其专业化发展的速度，提升其专业化发展的质量。

教师进行教学反思的过程也是一个贯彻终身学习理念的过程。教师作为知识的传授者，首先自己要有渊博的知识，而教师对掌握的知识有更高要求，即需要多门不同学科的知识，因此教师更需要通过不断学习掌握更多的知识，只有这样才能承担得起全科教师的责任。当今社会的飞速发展，使得知识更新的速度不断加快，教师要与时俱进，紧跟知识更新的速度，通过各种形式，如参加网上学习等，不断扩充自己的知识体系，学会将新知识与课堂教学联系起来，提高学生参与课堂的积极性，在提高教学效率的同时，促进自身专业化的发展。

（三）在合作中发展：构建教师学习共同体

1.学习共同体的内涵阐释

学习共同体可以被称为一种特殊类型的共同体。这一概念是以共同体的概念为基础形成的。

我国学者卢强还从课堂教学的视角对学习共同体的内涵进行了重新审视，并从有形场和无形场这两个层面建构了学习共同体。其中的"无形场"具体是学习共同体宏观层面的建构依据和指导，是对共同体愿景的创生，是生成无形文化和使对话协商关系持续的内容。"有形场"是学习共同体实践的流程、方式与机制，具体涉及活动空间、活动体系以及交流与共享这几大方面的内容。

通过对上述学习共同体的概念进行分析，不难看出，这一概念在长时间的发展中还与学习班集体、合作学习小组等概念存在着一些交叉，对这些相关的概念进行阐释分析有利于厘清学习共同体的边界，并对学习共同体的实

第六章 高校混合式教学教师发展研究

质有更好的把握。

2.学习共同体与教师专业发展

构建教师学习共同体之所以是可行的,主要是因为教师构建学习共同体具有很多有利条件,具体如下:

(1)随着我国教育改革的进一步深化,各级教师在教材的选择使用、教学方法的运用、学生考核等方面的主动权不断增强,这是教师专业发展的必备条件。

(2)学校的每门学科都有自己的专业组织,便于形成科学高效的专业队伍,这是教师专业发展的一个重要因素。

(3)教师通常都接受过高等教育,其科研能力也达到了一定的水准。一定程度的科研能力为教师学习共同体中的"对话、分享、协商、反思"奠定了坚实的基础,有利于反思型教师、研究型教师的培养。

3.教师学习共同体建构的步骤

(1)导生共同构建支持性关系

这种支持性关系能带来积极的、有建设性的实习体验。有研究认为,支持性关系的构建策略可以尝试由如下指导行为实现:持续地提供帮助并参与、在放手和引导中找到平衡、营造支持性的氛围、提供支持性资源、经常给出有针对性的正面反馈、把学生当作合作伙伴一样尊重。

导师就是教师的支架,发挥着脚手架和心理咨询师的功能。导师可根据每名教师的个性特征,因材施教,全过程、全方位地指导教师的思想、学习与生活,其中心理辅导和情感支持是当前导师制研究所提倡的,冷漠的导生关系会抵消高超的指导技巧。导师应激发实习教师对实习的内部动机,导生双方具有共同发展愿景且发展目标明确,这是激励导生双方的内在机制。可见,充分发挥实践导师的多重指导作用,而非仅仅教学指导这一单一角色和作用。所以,建议在大学导师和实践导师的培训、监督、沟通与考核评价中加入心理辅导的内容和指标。

导师制是建立在导师与学生的频繁接触和交流的基础上的,如此才能形成密切的导生关系。导生双向沟通交流是导师制的基本工作方法。一方面,通过沟通及时答疑解惑，有助于导师及时掌握教师的学习现状、生活状态及思想波动，把握教师的性格特点、能力特征及优缺点，协助教师树立阶段性目标，明确发展方向；另一方面，要启发式教学，让教师自己反思自己的教学实践。这就要求导师首先具备宽厚的学科知识与扎实的教学技能，其次还要具备更重要的沟通技巧和话术。

良好的导生关系是导师制实施的基础。随着导师制逐步深入实施，导生关系也逐渐发生变化。导师制是为了支持教师的专业成长和发展，不仅仅是为了完成任务，所以要调动起导师们的责任心，还要依赖职责分工机制的协同一起发挥效用。

导师制的成功需要沟通协作，不只是导生沟通，还有双导师之间、生生同伴之间的沟通互动。换言之，沟通是所有利益相关者之间通过互动，一起协作，协同努力。所以，利益相关者之间的沟通，要注意开放、持续、定期、有意义的沟通。

第一，借助互相询问，彼此表达关心。沟通伊始，一般都是导师开头提几个问题，或是教师实习进展，或是生活现状，询问教师进展如何，并要求教师做简要回答陈述；随后，教师可以自由向导师提问，而导师或简单回答，或详细回答，须知这在传统的班级授课制中是难以实现的。之后导师或对论文或对实习进行详细的评论，教师可自由对论文或实习做出解释，在这样的彼此交流过程中，实现了导师对教师的指导，也建立起了教师与导师之间亲密信任的个人关系，而这往往会影响教师的一生。

除了嘘寒问暖之外，导生之间的沟通要具备专业性，讲究反思性对话，这种对话能帮助教师反思他们的教学实践过程。在导师制中，通过导生沟通可最大限度地使教师的能力得到充分提高和发展，培养教师的创新精神和实践能力，改变传统班级授课制压制教师创造性和个性的被动局面。总之，教师教育导师制可以简单看作直接连接导生的纽带，而导生沟通则是形成良好师生关系和有效导生关系的关键。

第二，充分利用互联网和移动互联网技术加强沟通协作。当今信息时代，互联网技术日新月异，双导师之间、导生之间的沟通方式也要随之发生变化，日渐多样化。例如，教师通过电话、网络即时聊天工具等方式都可以与导师快速及时沟通。此外，双导师之间、导生之间建立了微信群、钉钉

第六章 高校混合式教学教师发展研究

群、QQ群等社交媒体讨论群组,这种新型沟通方式方便导生随时随地进行专业教学沟通、收发班级通知消息、及时解答各种问题,避免了导师因工作繁忙而无法与学生进行面对面交流。因此,教师和导师都要积极探索、善用多种多样的互联网沟通方式。

互联网的出现对教学方式方法、教育规模等也产生了一定的影响。鉴于此,大学应积极探索"互联网+"导师制,高度重视并积极推广"互联网+"远程指导。例如,强制要求导师和教师高频使用"校友邦"App或微信小程序,签到统计、实习日志、周志撰写和批阅等功能深受师生好评。

互联网对教师实习的积极影响俯拾皆是,因此需继续发扬。例如,线下实习期间,教师将每天在实习学校的收获,通过互联网线上交流方式与大家分享,遇到什么问题,可以使用即时通信软件咨询讨论,大大方便了教师的实习信息沟通,提高了教师的参与热情,同时也能使教师利用碎片化时间对实习活动进行讨论。尤其是在新冠疫情期间,线下实习无法正常开展,只好通过钉钉、腾讯会议等互联网会议平台进行线上模拟教学、线上授课并录像存档。

但也需注意,互联网技术是一把双刃剑,有利有弊,弊端是加快了舆情传播速度,教师容易受到网络虚假宣传信息的误导,碎片化收发消息容易影响正常教学实习工作等。因此,在对互联网沟通方式的使用中应扬长避短、趋利避害。

第三,提高沟通质量,适当增加沟通频次及沟通时长。有效沟通的原则是重质量、轻数量。目前,双导师之间的沟通比较少,这一点亟须改善,所以应增多双导师之间沟通频率。例如,双导师可利用钉钉、腾讯会议等互联网会议平台就教师的实习现状进行深入交流,加强沟通;双导师之间的沟通交流应围绕实习教师的专业成长这种话题,提升话题的专业性,保证沟通质量;导生之间的沟通频率也要增多,教师要积极主动地与导师就实习过程中遇到的大事小情进行沟通,沟通方式可以多样化,如面对面交谈、打电话、互联网社交媒体软件沟通均可。

另外,导师与教师沟通的时间也应延长。研究表明,大多数学生与导师沟通的时间有限,在有限的时间内,对教师的指导较难全面深入。在有限的时间内,想要保证沟通质量,这需要导师认真倾听,准确发问,发自内心地关心教师的成长，在一问一答中敏锐地发现潜在问题，为教师深入浅出地剖析原因，提供可操作性的建议，帮助教师解决问题。

第四，建立常态化定期化的例会组会制度。沟通协作需要载体和媒介。常态定期的例会组会，不管是面对面线下例会形式，还是虚拟的线上例会形式，都是很好的载体和媒介，能方便双导师之间、导生之间沟通的顺利实现。

例会管理首先要明确会议时间、地点和方式。比如，一周一次或两周一次，定于每周几的几点在某地召开会议，要求共同指导同一名或同一批教师的大学导师同时参会，并设专人主持。这种定期例会效果好的话能保障指导过程有效实施。因此，双导师若能定期参加工作例会沟通交流，在会上彼此分享对教师的观察和看法，共同制订教师实习方案，明确教师实习目标、内容、方法和进度，如此一来，对教师的指导质量和指导效果都会得到明显提升。总之，定期化常态化的例会组会制度不仅能提高教师实习期间的教学实践能力，还能督促导师的成长与发展，双导师制的所有利益相关者都会有所收获，有所提高。

第五，打造教师同伴之间的互助指导共同体。同伴指导是导师制的新趋势。同伴指导一般是由两个或两个以上的教师共同参与的一个互助活动，通过互相协作，分享彼此成功的经验，共同解决遇到的难题，最终目的是要促进彼此的进步。实施同伴导师制，有助于解决实习教师教学实践中的共同难题，帮助实习教师在小组合作中快速成长。

在实习中，同伴导师制具体实施起来，一般由小组长带头组织领导，开展同伴间的互听、互评、互助活动，积极帮助同伴解决实习中遇到的问题，并由组长代表小组定期向实习工作负责人或大学导师汇报进展。除非实习工作负责人或大学导师觉得有必要参与加入，帮助解决较为棘手的难题，否则就倾向于让同伴小组独立解决问题。

同伴指导及同伴互助小组能否长期坚持受到多种因素影响，比如，合作氛围、合作时间、学习内容、任务难度等因素。为了让同伴互助小组能顺利开展并长久保持，实习工作负责人或大学导师要对实习生的同伴小组给予足够的重视和积极的支持。共同的合作时间也是同伴学习的保障，所以每个实习小组每周至少有一次合作时间来积极讨论和总结一周内的实习成果。

第六章　高校混合式教学教师发展研究

借助积极探索并实行双导师制这一机会和载体，一方面教师受益，强化了实践技能；另一方面，学校单位也受益，学校教师培养资源与中小学教育资源相互融通、相互支持、共享资源、共同发展。

（2）观课与评课相结合指导教师教学技能提升

一般情况下，入校看望实习教师一个月去一次是可行可实现的。入校看望实习教师不只是关心其生活，还要确保教师实施听课、观课、评课等专业活动，做好观课与评课相结合，观课与课后例会相结合，观察实习教师授课与课后反馈相结合是被证明有效的导师指导活动。当然，入校频次和时间还要依赖于实习基地的地理位置是否偏远、交通条件是否便利等。

（3）双导师制与同伴导师制相结合

双导师不可能时时刻刻在教师身边，实习期间遇到的问题，也需请教同学朋辈。可见，双导师制的顺利实施也离不开教师的同伴力量。有研究发现，在由实习教师几个人组成的实习互助小组之类的学习共同体发挥着重大作用。这些学生虽然性格脾气、社交与教学能力各不相同，但是在实习期间他们具有共同的目标。为完成实习目标，共同体成员步调一致，进度统一，共同努力，相互请教，彼此帮助，成员对共同体具有认同感和归属感，这有利于提高对实习活动的参与意识和参与程度。不只是与实习相关的专业活动，其他很多与专业活动无关的生活事宜的组织也都会依托学习共同体，经过团体内沟通交流，一起分享集体智慧，有利于促进教师团队合作能力和创新精神的提升，每位共同体成员也都能获得发展和成长。

总之，学习共同体的创建是同伴导师制的具体表现，是实习教师主体性发挥的重要途径。在教学实习期间，导师应积极支持并信任这种同伴导师制，委派一名小组组长汇报小组工作，尽量不干涉共同体成员的具体活动事宜，从而激发实习教师参与的主体性，使共同体真正发挥同伴指导的作用，互相指导、密切配合、相互监督、互相点评，促进彼此的发展。随着实习的深入，逐步形成实习管理的主体自觉，减少了导师在实习管理中的负担和工作量。实习进入尾声时，在对实习教师的评价中，不仅发挥双导师的评价作用，也可发挥各共同体成员的主体性，实现实习教师同伴之间的互评。同伴之间接触较多，对彼此的了解也更全面到位，评价也会更加真实有效。

第七章 高校混合式教学质量评价体系的建构

随着混合式教学的不断推广，基于混合式教学，健全过程性评价，探索应用全方位、多层次的教学评价手段，对促进教育教学改革、提高人才培养质量具有重要意义。本章结合混合式教学的情况，尝试构建混合式教学评价体系，开展混合式评价研究与实践，以期提升高校混合式教学评价的有效性。

第一节　国内外混合式教学有效性评价研究

美国跨州新教师评估与支持协会（INTASC）从核心知识、技能和教学设计的部署上对教师教学标准做了界定，分别是：

（1）学习内容和教学活动适合学生的发展，既有挑战性又能够达到。

（2）能够使用各种教学策略，以便保持学生的兴趣。

（3）能够使用交流技巧去培养积极的合作和支持性的互动。

（4）能够理解并使用正式和非正式的评估策略。

（5）能够和更大的社区范围内的同事、家长和机构之间培养良好的关系。

（6）能够对教学进行反思。

（7）能够理解学生学习方法上的差异性，并创造机会去适应不同的学习者。

（8）能够创建一个鼓励积极互动主动参与学习和自我激励的学习环境。

（9）能够在学科内容、学生、社区和课程目标的基础上设计教学。

（10）教师熟悉教学科目内容，并能够通过教学活动让它们变成对学生有意义的东西。

国际经济合作与发展组织（OECD）认为教师教学有效性至少应考虑以下五个方面的因素：

（1）所掌握的实际课程领域的知识。

（2）教学法的技能。

（3）教学反思的能力与自我批评能力以及专业化的品质。

（4）移情能力与尊重他人的品德。

（5）教学管理的能力。

第二节 混合式教学有效性评价的指标构建

一、高校混合式教学有效性评价的制订原则

（一）科学性原则

高校混合式教学评价应遵循科学性原则，以保证学生学习评价体系具有较高的可信度。该学习评价体系不仅要对学生的表面看得见的学习活动进行评价，也要对学生看不见的心理变化进行评价，因此高校混合式教学评价要本着科学严谨的态度，运用科学合理的研究方法支撑高校混合式教学评价的进行，建构学习评价体系之前要对教师专家进行预调研访谈了解相关情况，研究进行时采用两轮专家意见征询，以此确定教学评价体系的评价指标。

（二）整体性原则

整体性原则要求基于混合式教学模式的学生学习评价体系的建构要呈现出一个整体、全面的状态。评价体系中的一级维度要全面概括学生学习活动的大方向，而采用三维教学目标作为学习评价体系的一级维度是可行的，因为三维教学目标就是对学生学习检查的标准，二级指标和观察点则是一级维度的延伸。运用这样的学习评价体系评价学生可以促使学生全面、综合性发展。

（三）可操作性原则

基于混合式学习模式的学生学习评价体系会根据要试用的课程内容，将学习评价体系进行具体化，从而更准确地进行评价，因此结论部分会给出学习评价体系的具体化方法，从而使高校混合式教学评价体系具有可操作性。

（四）目标一致性原则

目标一致性是指在基于混合式教学模式的学生学习评价体系中的每一个评价指标的目标要与建构该体系的总目标一致。建构该体系的总目标是要评估基于混合式学习的大背景下本科学生的学习活动，分析评价结果，提高学习效果，促进学生学习和教学改革。因此，该体系中的每一个指标都要与总目标一致，才不会影响对学生学习评价的工作。高校混合式教学评价体系就是以教学目标为导向进行建构的，符合目标一致性原则。

二、高校混合式学习评价体系的建构流程

基本流程主要是通过分析当前本科生混合式学习模式下的学习活动评价情况与混合环境下学生学习评价体系存在的不足和优势，制作所需的可操作性较强的混合式学习评价体系建立的基本流程，如图7-1所示。

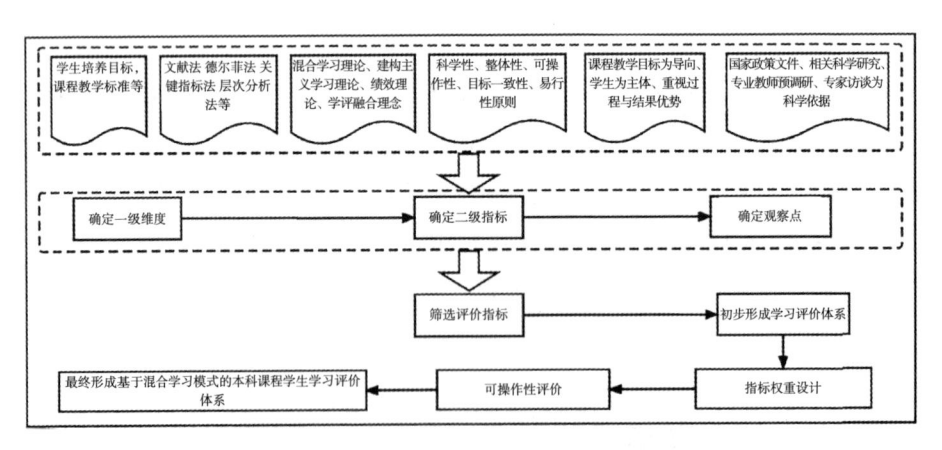

图7-1 混合式学生学习评价体系建构流程图

（资料来源：沈欣忆、吴健伟、张艳霞、李营、马昱春，2019）

基于混合式学习模式的学生学习评价体系的建构需要依托于高校学生的

学生培养目标以及课程教学标准。建构的每一步要在科学的研究方法的支持下进行，整个研究要有科学合理、切实可行、完整的理论基础框架做支撑。学习评价体系要以课程三维教学目标为导向，以学生为主体，要同时注重过程和结果。为确保研究的科学性，高校混合式教学评价体系依据国家政策文件，以及国内外相关文献，并对在混合式教学领域取得一定成就的本科专业教师进行访谈调研，在学习评价体系建构的过程中进行至少两轮的专家意见征询。高校混合式教学评价指标体系设计流程分为一级维度的确定、二级指标的确定和观察点的确定三个层次，并对各评价指标要素进行筛选，这部分是要根据专家意见征询的结果进行评价指标的筛选，然后初步地建构学生学习评价体系，运用层次分析法设计评价体系指标要素的权重，并选择一门基于混合学习的本科课程进行试用评价分析，这一步要特别注意的是需要根据该门课程的教学内容将本研究的学习评价体系进行具体化，这样进行完可操作性评价，根据评价结果再将形成的学习评价体系进行修改、调整和完善，从而确定高校混合式教学评价体系，总结提炼出可参考的高校混合式教学评价体系具体化方法和一些可借鉴的经验及案例，促进混合式教学质量的提升和学生的全面发展。

三、混合式教学评价体系的建构

在确定评价体系的评价指标时要注意学生学习的过程化、效果化和综合化，将传统课堂中学生作业成绩、考试成绩、出勤率等纳入学习评价体系的指标要素之外，还要将在线学习时长、线上讨论次数等纳入学习评价体系，促成传统课堂与在线学习评价的融合。需要注意的是，评价体系应包括学生满意度、工作分析、师生互评、学生互评等能够反映学生情感态度和价值观的内容，从而使评价体系的评价更加全面完整。

（一）学生学习评价体系一级维度的确定

目标导向性原则指出学生学习评价体系的建构各指标要与评价体系的总目标一致，笔者认为学习评价体系的建构也要与高校教育教学的目标一致，也就是要遵从课程教学目标，做到以教学目标为导向，去评价学生在混合学习时的行为。通过评价结果来反馈学生的学习效果和情况，还可以根据学习评价的结果优化教学，以此提高教育教学效果。因此，以教学目标为导向进行评价体系的设计具有一定的依据。

首先，教育本身就是一种有目的性的社会活动。它是根据社会对人才的需求和标准，以培养社会人才为目的而进行的活动。教学是教育的具体手段和基本途径，因此也具有目的性，它的目的性在于教学目标。学生是教师根据教学目标按照一定的教学情境、有目的的指导下，积极主动地掌握系统的专业知识，包括专业知识、专业技能、学习习惯、学习方法、情感态度的形成等。在学习过程中，学生根据教学目标开展学习活动，那么教学目标就是学习结束后评估学生学习结果的依据，教师要将教学目标作为参照体系，依据评价结果改进教学。可见，教学目标是学生学习的起点，也是学生学习的立足点，它存在于整个学生学习的过程中，以此要求学生的学习评价最终目的要与课程的教学目标相吻合，也就是要遵循目标导向原则，以此来看，教学目标可以作为学生学习评价体系的根据。

国内很多教育领域的研究者也同样认为可将教学目标作为评价体系的指标要素。有的研究者在研究发展性教学评价体系时提出教学评价指标要以教学目标为核心；一些研究者正在研究教学评价体系，他们认为学生的行为教学目标可以作为教学评价的依据。国外研究者则提出了行为目标模式，该模式主要以学生行为目标为评价参照，通过观察学生的行为找到与目标的差距，以此有针对性地更改教学活动；1956年，随着布鲁姆的教学目标分类理论的诞生，其对学习测评产生了重要的影响。

根据我国教育教学的实际情况和布鲁姆的教学目标分类理论，将课程教学目标分为三个维度：知识与技能、过程与方法、情感态度与价值观。该教学目标不仅体现了课程标准的基本理念，还提倡学生综合全面的发展。同时，确保将三维教学目标作为高校混合式教学评价体系的一级维度，如图7-2所示。

第七章　高校混合式教学质量评价体系的建构

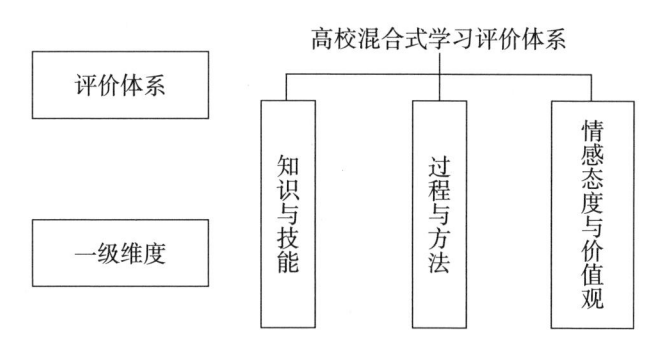

图7-2　高校混合式学习评价体系一级维度

（资料来源：沈欣忆、吴健伟、张艳霞、李营、马昱春，2019）

（二）学生学习评价体系二级指标的确定

学习评价体系的一级维度确定好之后，要根据一级维度和相关文件文献进行二级指标的分解设计。

教育部提出学习过程中"知识和技能"的获得包括基本知识和基本技能。其中，基础知识主要包括学科基础知识和人类生存不可缺少的核心知识；基本技能主要包括获取、收集、处理和使用信息的能力，创新和实践能力等。"过程与方法"强调学生获得知识的过程，主要指学生获得知识的过程和能力形成的方法。这个过程指的是对学习环境的适应，方法包括自主学习、合作学习、探究学习等基本学习方法，以及发现学习、小组学习等具体学习方法。"情感态度与价值观"更注重学生最终人格的培养。其中，情感是指学习兴趣、学习责任感和求实的科学态度。价值观不仅强调个人价值观，而且强调个人价值观和社会价值观的统一。

可以发现，三维教学目标是相辅相成的，是一个有机的整体。这样的教学目标将使学生获得更全面的发展，满足了新时代对学生学习的总体要求和期望。教育部的发言提到了三维教学目标分别包含了哪些内容，为二级指标的建立明确了方向。二级指标为一级维度的细化内容，同时还结合了其他相关研究者关于混合式教学评价体系的指标建构研究。对于混合式教学评价体系的研究，很多学者都提出了不同方面的见解，在运用关键指标法在细化一级维度的基础上对教学评价体系二级指标进行了确立，从相关文献与政策文件中提取相关的关键要素,并将其应用到评价体系的建构中。依据教育部发布的有关三维教学目标的政策文件和相关研究者文献,提取与混合式学习评价和三维教学目标内容评价有关的评价指标,并将其转化为学习评价体系的二级指标,从而作为高校混合式教学评价体系的二级指标要素的来源依据。政策文件及相关文献统计分析结果如表7-1。

表7-1 高校混合式学习政策文件及相关文献统计

部门/学者	时间	混合式学习评价相关指标
教育部	2001	学科基本知识、其他拓展知识、信息能力、创新能力、实践能力、终身学习能力、学习环境适应、自主学习、合作学习、探究学习、发现式学习、小组式学习、交往式学习、学习兴趣、人生态度、个人价值和社会价值
高瑞利	2010	交互情况、作业情况、基础技能掌握情况、考试情况、资源利用情况
刘力红等	2005	学习成绩、学习态度、综合能力、诚信品德、遵纪守法意识
钱文娟	2018	学习效果、交流能力、信息处理能力、创新能力、学习态度、学习参与度
唐文秀等	2016	学生的参与度、交互性、效果度、满意度、适应性
李红波等人	2004	评价学习方法、评价学习环境、评价学习成绩、评价学科能力、评价学生成果(证书)
葛世鑫	2020	德育素质、方法和技能水平、职业素养、专业技能掌握、学生忠诚度、比赛成绩、传统考试
杨浩	2019	德育养成、学习方法和能力培养、职业素养养成、专业知识与技能
李逢庆、韩晓玲	2017	学习态度的评价、对学习能力的评价、对实践创新能力的评价、对交流沟通能力的评价
刘艳	2018	敬业精神、责任意识、社会适应能力、对终身学习意识
钱启泉	2011	生存核心知识、基本技能、应答性学习环境、交往体验、学习方式、学习兴趣、学习态度、人生态度、个人价值、社会价值
郭建东	2020	知识技能、自主学习习惯养成、交流协作、交流互动、信息素养、操作技能、自我认识、创新能力
……	……	……

第七章　高校混合式教学质量评价体系的建构

通过对教育部和各类相关文献中混合学习评价指标的整理与分析发现，我国各类文献和国家政策对于高校混合式教学学生评价体系的指标确定通常从认知类、技能类、情感类这几个方面来开展。其中，我国学者对学生混合学习的评价往往集中在一两个方面，但整体评价维度与教育部文件评价维度一致。可以发现，目前随着混合式学习的迅速发展，尚未有一套全面、统一的高校混合式教学评价体系作为评价标准。通过对教育部文件和相关文献的分析和整理，将以上信息进行类似于"数据清洗"的处理，从三维教学目标入手，对学生的学习进行评价。

知识与技能的评价主要涉及理论知识掌握、专业技能掌握、其他拓展知识、信息能力、实践创新能力、学习获奖成果几方面。其中，理论知识掌握包括理论考试、学科作业及作品等；专业技能掌握包括课程所要求的掌握的技能，比如可以专业技能训练或测试进行评价；其他拓展知识包括教师要求学的其他网课、拓展资源学习等；信息能力包括获取、收集、处理和使用信息的能力；学习获奖成果包括混合式学习获得的证书，运用课程知识的参赛获奖情况等。

过程与方法的评价主要涉及社会适应能力、资源利用情况、自主学习、小组合作学习、探究学习、沟通交流能力。其中，社会适应能力包括对新学习环境、新技术、新的学习组群的适应能力等；资源利用情况包括学生对教师发布的资源的运用和下载情况等；自主学习包括学生学习进度情况，个人作业或作品等；小组合作学习包括小组作业成绩、小组讨论情况、小组分工情况等；探究学习包括上课提出问题情况、讨论区提出疑问情况等；沟通交流能力包括有效发帖数、有效回帖数、有效教学建议等。

情感态度与价值观的评价主要涉及学习责任、学习态度、个人价值与社会价值统一、遵纪守法意识、诚信品德、学生满意度、终身学习意识、信息素养、习惯养成。其中，学习责任包括学习任务完成效果、在线学习时长、登录学习平台次数等；学习态度包括在线学习时长、登录平台次数、课堂互动积极性、课堂出勤率等；个人价值与社会价值统一包括学生自我认识情况；诚信品德包括回答问题无作弊、平时测验无作弊、按时完成学习任务等；遵纪守法意识包括遵守课堂纪律、遵守考试纪律、遵守学习准则等；学生满意度包括对学习平台的满意度、对学习资源的满意度、对课程内容安排的满意度等；终身学习意识包括对新技术的热情、贯彻规划学习目标等；信息素养包括学生对于文化素养的掌握情况、对信息意识情况和信息技能掌握情况等；习惯养成包括每日学习时长、每日讨论次数等。

基于上述分析结果确定将三维教学目标作为学生学习评价体系的一级维度，分析结果作为二级指标要素，基于混合学习模式的本科课程学生学习评价体系的一级维度和二级指标评价框架如图7-3所示。

高校混合式教学评价体系的评价框架

- 知识与技能
  - 理论知识掌握
  - 专业技能掌握
  - 其他拓展知识
  - 信息能力
  - 实践创新能力
  - 学习获奖能力

- 过程与方法
  - 社会适应能力
  - 资源利用情况
  - 自主学习
  - 小组合作学习
  - 探究学习
  - 沟通交流能力

- 情感与价值观
  - 学习责任
  - 学习态度
  - 诚信品德
  - 遵纪守法意识
  - 学生满意度
  - 修身学习意识
  - 信息素养
  - 习惯养成
  - 个人价值与社会价值统一

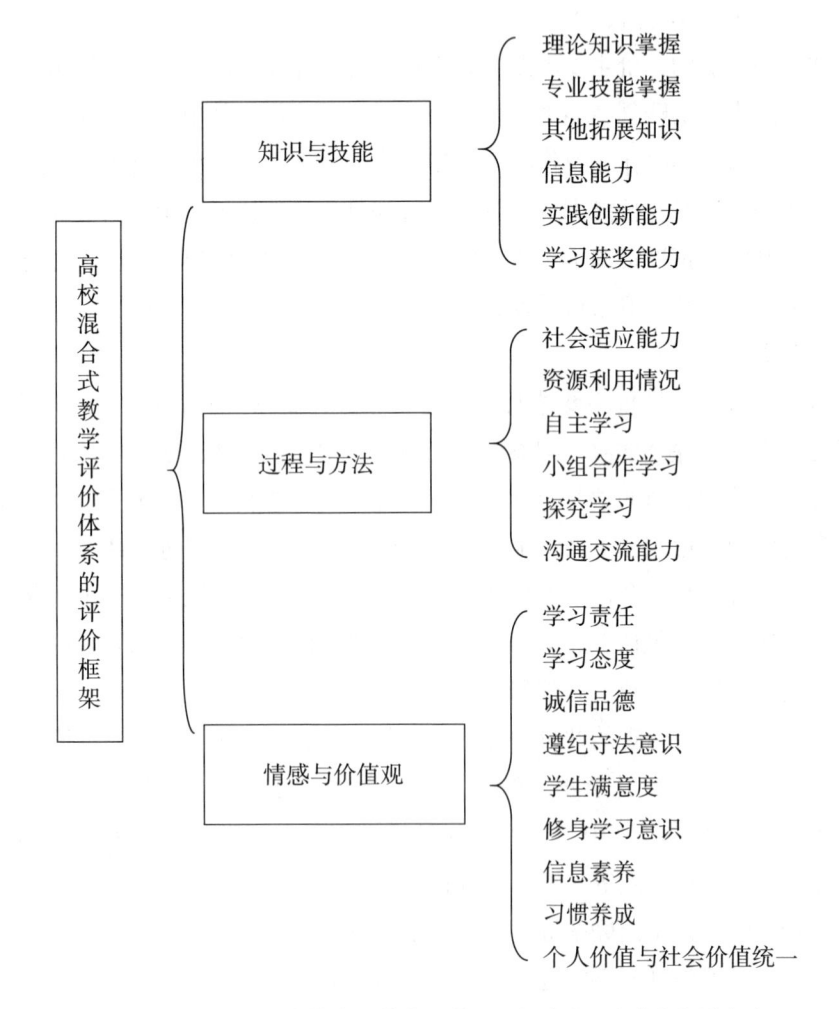

图7-3 高校混合式教学评价体系的一级维度和二级指标评价框架

（资料来源：沈欣忆、吴健伟、张艳霞、李营、马昱春，2019）

四、高校混合式教学有效性评价的具体指标

混合式教学评价的具体指标如表7-2所示。

表7-2 混合式教学有效性评价的指标

一级指标	二级指标	评价标准
教师素养	1.1 教师责任心与态度	对教学有热情，尊重、关心、帮助学生； 责任感强，传递正能量，以良好的师表行为去影响学生； 教学态度认真，治学严谨，备课充分
	1.2 教学改革与信息素养	教学改革遵循教育教学规律，贴近时代发展的要求； 熟练运用通用的和专业的信息技术工具； 熟练使用学校网络教学平台，将在线和面授两种方式有机整合
教学设计	2.1 教学目标	教学目标融"知识传授、能力培养、素质教育"于一体，鲜明易懂，难易适度，可操作性强
	2.2 教学内容	教学内容恰如其分地反映了教学目标； 能联系和反映学科进展； 实验课程内容（含独立设置的实验课）能有效培养学生的实践能力和创新能力
	2.3 教学策略	有恰当的教学方法、手段与组织形式引导学生完成学习任务，实现教学目标； 注重研究性学习，体现以学生为主体、以教师为主导的教育理念
在线学习	3.1 网络学习资源	网络教学平台内教师信息、课程简介、教学大纲、教学日历等内容翔实； 课件、教案、问题集、案例集、学生作品集等更新及时，试题、试卷库题量丰富，并能有效共享； 为学生个性化学习、拓展性学习提供了有效的文献资料
	3.2 课前预习与作业	学生能有效利用在线学习资源进行自学； 课前预习和课后作业任务明确，且任务量适度； 学生能够利用在线学习平台实时检测自学效果

续表

一级指标	二级指标	评价标准
在线学习	3.3 小组协作与教学反馈	小组学习任务设置适当，成员团结协作精神好； 课程讨论区使用率高，线上互动活跃； 对课外学习给予指导和建议，对作业、作品、测验等批阅和反馈及时
课堂教授	4.1 课堂内容的讲解	围绕在线学习产生的共性问题，有针对性地安排授课内容； 对问题的讲解思路清晰、深入浅出、重点突出
	4.2 多种教学方法的使用	灵活运用多种方法的配合和转换，通过学生讲课、演示、角色扮演等方式体现学生的主体性； 能有效设疑和组织讨论，启发学生独立思考和创新思维； 通过课堂测验、习题等方式加强对知识的巩固和理解
	4.3 学生发展与课程考核	面向全体学生，关注个性差异，注重优生培养和差生转化； 充分利用网络教学平台收集信息，建立恰当的形成性课程考核方式，有效促进学生学习能力的发展
教学效果	5.1 基本知识、技能与应用	理解基本概念和原理，掌握基本实践技能； 有能力把相关概念、原理和技能应用或推广到现实生活或其他新情境中
	5.2 学习兴趣与自学能力	对本门课程学习有兴趣；能有效利用互联网和其他信息技术工具； 自学的意识和能力提高

第三节　混合式教学有效性评价过程与策略分析

一、混合式教学有效性评价过程

近年来，为避免"一考定成绩"的弊端，许多高校更加关注师生互动和

第七章　高校混合式教学质量评价体系的建构

学生平时表现，强调学生的个性发展。通过线上与线下教学的融合，以超星学习通平台的混合式教学为例，将过程性评价内容分为课前预习评价、课中活动评价和课后复习评价三个阶段。

（一）课前预习评价

课前预习评价主要包括每章节预习访问次数、每章节预习时长与进度、在线答题成绩、线上参与讨论交流四个指标。教师在课前将每章需要预习的课件、视频等资料发布到平台上，通过学生观看预习资料的次数、时长来评价学生参与的主动性。以每章节内容为基础，通过在线答题成绩及讨论交流的互动参与度检验学生课前预习的效果。

（二）课中活动评价

课中活动评价主要包括签到、课堂提问次数、课堂参与讨论交流、课堂互动、分组任务五个指标。在授课过程中，课堂提问次数多，学生讨论交流热烈，课堂互动学生参与度高，表明课堂活动气氛良好，学生与教师互动性强。通过课堂活动评价，教师更加容易调动学生参与教学活动的积极性，详细了解学生对于知识的理解和掌握情况。

（三）课后复习评价

课后复习评价主要通过章节作业、章节测试、反馈答疑三个指标来考查。如果学生的作业及章节测验认真完成，则说明学生的课后学习效果好。反馈答疑帮助教师及时了解学生薄弱环节，帮助学生巩固所学知识。

综上，本书从课前预习、课中活动、课后复习三个阶段出发，阐述了过程性评价的具体内容，以此为基础，既考查学生的学习过程及结果，又关注学生的理论知识及能力素养，较为全面、客观地评价学生课程学习的效果。

二、高校混合式教学有效性评价实施的具体策略

（一）明确高校混合式教学有效性评价的分类

在混合式教学中，要想确保评价的有效性，就应该由专家、学者、老师、同伴以及学生共同完成。混合式教学有效性评价真正要实现定量评价和定性评价、形成性评价和总结性评价、对个人的评价和对小组的评价、自我评价和他人评价之间的良好结合。常见的混合式教学有效性评价如下：

（1）诊断性评价，指在某项教学活动开始之前对学生的知识、技能以及情感等状况进行的预测。

（2）形成性评价，指在某项教学活动过程中，为更好地达到教学目标而不断进行的评价。

（3）总结性评价，指在教学活动告一段落后，为了解教学活动的最终效果而进行的评价。

（二）应用高校混合式教学网络评价系统

在网络影响下，混合式教学有效性评价体系也得到了进一步完善与发展。当前，基于互联网技术构建的混合式教学有效性评价系统有如下几个方面：

1.混合式教学实时评价系统

混合式教学实时评价系统以网络通信手段为依托，通过利用文字、图像、音频、视频等方式进行相互交流，在沟通过程中实现具体的评价。利用这一评价系统，学生可以不再受时间、空间方面的限制，及时获取教师的有效反馈。这一系统可以帮助教师有效监控、管理学生的学习，可以大大提升学习效率。

2.混合式教学考试系统

混合式教学考试系统通常涉及针对学生的考试系统、题库系统、自动批

第七章 高校混合式教学质量评价体系的建构

阅系统等。学生可以随时随地登录这一系统，通过从题库中抽取试题进行回答，在完成之后就会给出结果，系统会对学生的题目回答情况进行评判。教师可以利用这种系统进行阶段性测试或者综合性测试，学生也可以自由控制题型、时间、难度等。混合式教学考试系统通常可以自动生成答案，并且给出评估报告，对学生的学习风格、学习效果、学习倾向等进行汇报。

3.混合式教学答疑系统

混合式教学答疑系统一般包括在线讨论、互动交流两种形式。当前，很多教学网站中都设置了在线互动讨论区，学生在这个讨论区中可以自由发帖发表自己的学习看法与成果，并通过回帖与其他学生进行沟通与互动。混合式教学答疑系统可以对学生提出的知识难点进行记录，教师可以通过系统记录的难点分析学生的学习情况，进而发现自己教学中存在的问题，及时调整与改变教学策略。通过混合式教学答疑系统的搜索引擎功能，学生可以通过关键字搜索等技术快速得到问题的答案。

（三）掌握混合式教学有效性评价的常用形式

混合式教学有效性评价关注的是对学生学习情况的鉴定、调节。通过混合式教学有效性评价，教师能够了解学生真正的学习难点，并以此指导课内教学活动的设计。混合式教学有效性评价也非常关注学生的学习过程，如学习安排、学生的问题选择、独立学习表现、小组学习表现、结果表达和成果展示等。混合式教学有效性评价中常用的评价形式主要有以下几种：

1.在线测试

在线测试主要通过网络技术进行学习效果的检测。网络平台能自动收集学生的测试结果，并能自动完成测试批改和分析等工作。根据混合式教学模式的学习目标，可以采用的在线测试形式有低风险的自我评价、在线测验等。

（1）低风险的自我评价。它主要用来帮助学生判断自身对自主学习内容的理解程度，是一种能快速反馈的评价方式。

（2）在线测验。它以单项选择、多项选择和填空题为主要形式，主要考查学生对学习内容的识记和理解。

2.课堂概念测试

这是一种简短、具有针对性的非正式学习评价方式，通常针对一个知识点设置1～5道多选题，学生通过举手、举指示牌或选择器回答问题。概念测试的主要目的在于获得学生对当前讲述知识点的理解程度，以便教师进行教学调整。这是一种低风险的评价方式。

3.概念图评价

概念图是一种用节点代表概念，用连线表示概念间关系的图示法。它能反映出学生的思维与知识点之间的关系。例如，教师可以针对课外学习内容给出一份不完整的概念图，让学生填补空缺的概念及概念间的逻辑关系，以此了解学生对所学概念的理解程度，并适当地安排进一步的教学活动来加深学生对某些薄弱概念的理解。

4.同伴评价

同伴评价是由合作学习的同伴对学习者做出的评价。它有利于学习者更好地参与到小组学习活动中，能够培养学习者的合作精神。

（四）优化混合式教学有效性评价的制度

1.加强全员性质量管理能力建设

（1）充分发挥政府政策支持、统筹协调和制度保障作用

在当代教育信息化2.0的大背景下，线上线下混合式教学日常化呼之欲出，也是未来高等教育全面发展的必然趋势。综观全球以及国内高等教育发展数据可知，以现代信息化技术为主要手段促成教学改革、教学创新已成为教育界的共识。因此，探索构建高等教育混合式教育教学的质量保障体系，有助于提升高校教育新一轮的教学改革。政府作为混合式教学保障的扛鼎力量，应积极发挥其在混合式教育质量保障体系中的主动性，在混合式教学的

第七章　高校混合式教学质量评价体系的建构

顶层设计、统筹协调、推进落实等方面发挥其核心作用，除进行相关政策保障的同时，还应从教学资源共建共享、教学平台规范管理、网络信息基础设施保障、资金供应等方面予以支持，为混合式教学的有序健康发展全面提供政策支持和制度保障。

政府的政策指导职能应进一步得到强化。面对类似新冠肺炎疫情这样的公共危机，政府在危机应对下的政策指导性应更加迅速、积极、准确。除此之外，政府还应该出台相关管理办法检验、监督相关政策落地实施执行的效果。

第一，政府应发挥其教学效果监管职能。政府在高校教学效果监管中的角色缺失，极可能造成资源配置的浪费与不合理性，政府教育行政管理部门需在下放权力的同时，做好定期对高校教育效果的监管与评价，出台相关评价标准及评价体系，或引入第三方权威评价机构，对高校混合式教育质量进行有效监管。

第二，政府应发挥其财政规划职能。政府在高校教育治理中还应做好财政的支持与合理分配计划，让有限的混合式教学管理专项资金用到混合式教学质量管理提升的实处，根据不同区域信息化水平建设情况，做好资金的划拨与使用的监管，对教育支出做好分配管理。

第三，政府应发挥其区域协调职能。针对不同区域不同学校的资源互通共用，政府需为不同高校之间的沟通协作搭建互信互惠的协作平台，通过区域性的整合与教育治理共通，将有效发挥资源的配置和有效利用，积极引导教学资源共建共享与整合，牵头进行区块链的教育新格局打造。完善应对教育管理的"教育专网工程"，注重交互式数字信息资源建设，使高校教育资源互联互通，从多元角度打造现代化教育治理体系。

第四，政府应发挥其人才培养渠道。政府部门应注重教育信息化时代背景下教师信息化能力、数字化能力的培养，通过完善用人制度和提供政策法规保障，从生产、服务、管理的第一线引进实践经验丰富、信息化教学能力强的人才资源。政府还应提供人才培养的相关机制，通过国培、省培计划等，持续培养一群信息化能力高、综合素质强的师资队伍；另外，在职称评定方面，政府可将其信息化教学能力纳入职称晋升方面的考核，强化教师对信息教学能力和教学质量管理的重视。

第五，政府应牵头搭建合作平台。政府在多主体协调过程中还应充当各高校与社会企业间的合作桥梁，牵头搭建合作共赢的沟通通道，为高校及社会企业之间的合作营造良好的社会氛围。

（2）强化学校内外部保障体系联系

高校在政府相关部门搭建的良好平台下，作为教育治理中的重要主体，一方面，应加强校外循环系统的建设，注重教育规划、教学质量的考评，积极与区域内高校联动互享师资，主动携手校外企业或高校打通教育资源壁垒，解决区域校际的数字鸿沟；另一方面，应加强校内自身多主体的建设，从角色定位方面而言，将自身定位从管理型、竞争型逐步走向服务型、开放型才会为大众所接受；积极通过现代化教育治理体系的建立，提升自身教育综合治理能力。

在外部保障体系的联系方面，高校应积极寻求与社会和家长之间的协同合作，确保如政府、家庭、社会其他部门、第三方教学平台等能在高校的协调活动中充分发挥其各自作用，服务高校混合式教学质量的提升。在内部循环方面，一方面，应积极加强顶层设计，加强"后疫情时代"混合式教学制度建设，从学生管理、教学改革、培养方案、教学质量监控、远程教学技术保障、建立健全的混合式教学评价体系等方面规范混合式教学，以制度化的强制力和约束力推进高校混合式教学发展。另一方面，应明确各部门，如教务处、学生处、各二级教学院、各教学督导部门、教师、学生等各个主体在高校混合式教学中的责任和义务，确保参与的多方主体联动发展，最终达到提高混合式教学质量的目的。重视教师教学技能的提升，积极组织开展教师教学能力的培训、加强现代化教学技术的利用、提升教学设计能力和教学管理能力，从而提升教师混合式教学综合应用能力，提升混合式教学效果。

（3）提升教师数字化教学能力

《中国教育现代化2035》明确提出："利用现代技术加快推动人才培养模式改革，实现规模化教育与个性化培养的有机结合是信息化时代教育变革的战略任务之一。"提高教师混合式教学能力是时代所需，也是教育变革对教师教学能力提升提出的新要求。教师作为教学活动的主体，首先要增强和树立对混合式教学的兴趣与自信，积极适应现代化教学方式，提升混合式教学水平和实操能力。还要吸收先进的教学理念，依据人才培养体系设计教学，

第七章　高校混合式教学质量评价体系的建构

制定多样的教学策略，保证教学效果更上一层楼。其次，要注重教学的实用性原则，网络教学资源的选择应符合课程内容，适合学生专业能力的培育需求，理论结合实际，以满足线上线下混合式教学活动发展的需求。最后，将整体性教学系统进行分解，让教与学分别独立出来，形成以学生为中心的教学场景，激发学生学习的热情，鼓励学生在实践中进行反馈，培养学生自主学习的行为习惯。

（4）提升学生自我管理能力

混合式教学过程中，对学生的自律和学习能力是一个大的挑战。为此，学生在加强自身规范、养成良好行为习惯的同时，也要重视学习能力的提升，面对教师布置的课堂任务，应积极主动地投身其中。把混合式学习的实践经历当成是一种自我能力提升的锻炼，从身心智全方位地认可这种教学组织形式。积极准时地参与每次教学活动，踊跃进行分享互动，积极发表自己的见解，反馈自己所碰到的困难，与同学之间相互帮助、共同促进，吸收他人所长，补齐自己短板，达到量变产生质变的学习效果。学生作为学习活动中最重要的主体，应积极参与教学活动，加强对自身的管理、提高自控能力，寻求学习的内驱力，从而积极主动参与到教育活动中来。此外，学校应注重学生参与教育政策制定的过程，在制定相关教育政策的过程中重视学生意见及时反馈，让政策制定真正落到实处。

（5）加强混合式教学平台建设

混合式教学平台在疫情期间"停课不停教，停课不停学"的政策背景下发挥了不可小觑的力量，为了后疫情期间学校能更好地将线上教学与线下教学相融合，学校需要对教学平台做进一步的优化。

首先，学校应进一步聚焦建设教学服务平台，依据多个专业建设课程教学资源中心，引进成熟的、优质的混合式教学直播与录播服务并与校内的教学服务平台相衔接，尽早实现混合式授课行为都在校内平台完成，以便更全面掌握学生学习动态，使考核结果更加公平公正。

其次，构建大数据、人工智能、区块链等现代技术手段为保障的知识传播体系，将每一位学生的学情数据储存起来，从而可以让老师准确了解所有学生的状态，方便因材施教。

最后，将混合式教学视为学校的重要组成部分，进而推动线下与线上深度有机融合和互助协调发展，打造"时时能学、处处可学"的新教育格局。

当下混合式教学主要受网络技术的限制而无法实现面对面交流等问题，5G时代MR全息投影等将解决网络不稳定、面对面互动受限等问题，信息技术支持部门应积极参与到混合式教学多部门协同共治的主体中来。

参照英美等西方发达国家，我国教育质量监督管理需积极引入第三方质量评价机构，进行权威的相关政策出台及质量认证办法，政府或高校应积极引入第三方权威评价机构进行教学质量认证，出台教育质量标准。

此外，作为网络课程提供平台，应基于知识图谱进行优质课程资源体系和数字资源质量标准的制定和知识库的建立，运用市场优化配置数字教学资源，实现共建共享，构建教、学、测、管、评于一体的信息化网络平台，注重导学、督学、助学等服务功能，确保教育资源精准协同地推送到不同区域或不同高校。

2.建立健全混合式教学过程管理组织系统

混合式教学过程管理系统的建立是一项复杂的工作，在教学质量管理过程中已通过督导部门、教务部门等，建立起基本的控制、监督机制，但因为混合式教学相比传统教学具有其独有的特征，所以还应完善教学激励机制和反馈机制的建立，更好地调动混合式教学相关参与主体的积极性和互动性，切实提升混合式教学质量。

首先，高校相关部门应树立全面质量管理观念，积极探索全面质量管理的模式和优化路径。其次，在过程标准制定、过程效果监测等方面，应打通教师、学生与行政管理部门之间的沟通渠道，激励教师、学生积极反馈对于教学质量管理的意见，制定多维度的教学信息反馈方式而不是单一的评价指标。具体而言，教学管理部门、督导、院系领导等不同主体参与教学评价的方式可以有所不同，进行质量监管和反馈的方式也应有所区别。例如，对教师教学效果的评价方面，教学督导可通过定期周报反馈教学质量效果、同行听课可通过教研会研讨方式提出教学质量改进意见、学生可通过沙龙分享等轻松提出课程意见；多维度、多元化的教学质量监督与信息反馈机制有助于将教学质量管理过程进行细化管理，获取更真实有效的管理信息，达到质量管理的实效。

第七章　高校混合式教学质量评价体系的建构

（1）建立混合式教学激励机制

针对混合式教学质量管理过程中过于注重规范限制，通过相关教学守则简单考查学生出勤率、教师备课完成情况等的传统管理模式已无法适应混合式教学质量管理过程的需求。高校应充分认识到线上教学与传统线下教学的区别，建立有效且完善的师生激励机制，有效调动师生在混合式教学过程中的交互性和积极性，促进师生自我管理能力的生成与发展。

混合式教学激励机制的建立可通过人文精神的培养、政策制度的诱导、物质与精神奖励的并用等共同实现激励作用。

首先，高校在建立激励机制时，应注重把教学目标、课程目标的完成与实现同师生激励、管理人员的激励结合起来。

其次，应注重经济奖励、精神奖励相结合，通过不同的激励方式达到不同的激励效果，评估不同奖励方式对于不同主体的作用，将混合式教学质量效果的管理同多重奖励方式相结合，激励全体师生、相关教学行政管理部门管理人员将教学质量效果的提升同自身的发展与需求联系起来，增强自发积极提高教学效果的内驱力。

（2）建立信息反馈机制

根据全面质量管理理论，反馈是质量管理过程中重要的一个环节。混合式教学质量管理过程中，教育政策决策方式多为学院领导者、行政部门管理者的单向决策，缺乏与师生协商、相互沟通的反馈机制。混合式教学管理活动应以师生教学活动实施前、中、后的系统过程作为管理的核心环节，若在此监督管理过程中缺乏师生对教学效果、教学政策实施的反馈机制，那么相关政策和机制的建立在一定程度上存在较大的盲目性。

首先，高校应结合教学活动中不同参与主体的作用，通过多种形式做好全员参与反馈的协调、组织、指导，让每个参与者树立全面质量管理观和质量责任意识，自觉参与到对结果的反馈中来。

其次，建立多种信息沟通渠道，打通教师、学生与教育行政管理部门或校级领导者之间的沟通壁垒，建立有效的双向沟通机制。

此外，对反馈行为进行经济或精神奖励，设置对应奖项，对具有建设性和创新性的有效反馈进行激励，通过有效的奖励方式鼓励相关主体积极参与到反馈中，共同促进混合式教学的质量优化。

（3）建立动态高效的网络管理系统

在现有教学质量保障体系下，高校可结合混合式教学主要依赖网络平台实现教学活动的特点，拓展过程管理的空间和创新管理方式，通过开发网上教学质量管理系统，实施对教学过程的动态且高效的监管，实现对教学过程中教师、学生、企业、督导专家、教学管理者等所有参与主体的评估，改进传统教学管理中自上而下的主要由教学管理者或领导层对师生教学活动进行管理的教学模式，实现对教学活动中所有参与主体的全面、全方位的过程管理，如教学活动过程的数据记录、准确全面的评价管理、实时信息反馈及教学改进指导。利用动态的网络管理平台，实现混合式教学活动实施与管理同步进行，全面提升混合式教学管理效果。

3.完善混合式教学全面性评价机制

（1）建立灵活多元的教学评价制度

教学评价系统是教学质量保障与提升的重要手段，全面质量管理理论认为评价是一个控制、反馈和持续改进的过程。高校混合式教学评价机制的优化，一方面应扭转传统教学中以考试结果为导向的单一评价模式，另一方面应注重对学习者和教师教学过程的全面评估。所谓全过程、多元化的教学评估，指在评价过程中应建立完整的、系统的、多维度的混合式教学质量评价体系，对混合式教学的教学过程和结果做出数量或质量的评价，并与期望的标准进行全面的比较，呈现出当前混合式教学工作的优劣并进行改进提升。

从教师方面而言，教学评价制度的优化可从教师考核评价体系的改进着手。注重从以下三方面来创新教师评价体系：

第一，强调评价指标的多样性，建立并完善各类教学评价的标准，通过课程的特殊性将教师进行分类管理，如文科评价指标、理科评价指标、工科评价指标的建立，将混合式教学所涉及的相关方面全面纳入评价当中。

第二，强调评价体系的客观性，减少冗杂的人际关系。建立客观的评价系统，采用客观的评价方式，使评价结果能作为真实参考，避免因人际关系导致的评价结果偏颇或不实的情况。

第三，加强过程评价，管理者对混合式教学中的参与者实施过程跟踪管理，过程评价与结果评价双渠道评价并举，从而提升考核评价的科学性。

第七章　高校混合式教学质量评价体系的建构

从学生方面而言，教学评价制度的优化应注重对学生在混合式教学过程中表现出来的自主学习能力、参与课程积极性、探索创新能力、终身学习能力以及与教师的互动情况等方面进行全面的过程性评价考核，而非仅聚焦于学生考试成绩、作业完成情况的结果性评价。

（2）细化教学评价标准

目前，我国缺乏统一权威的混合式教学评价标准，美国在线教育质量保证机构 Quality Matters（QM）发布的《高等教育在线课程评价标准（第六版）》由学习目标、课程概况、教学活动与互动、教学技术等8个评价维度构成，每项均有具体细化标准，总计42项具体标准，其中23条为核心标准：达到85%的分数时，课程才符合QM标准，若一项核心标准未达标，则该门课程不符合QM标准。

2017年，复旦大学与QM合作研制面向中国的高等教育在线课程质量标准。国内高校在建立我国混合式教学课程评价标准时，应注重标准的细化和全面，注重建立对标国际又符合我国国情的在线教育质量评价体系，既应注重过程的考核也应注重结果的测评。为多主体建立多维度的评价指标，为不同主体提供不同视角，对混合式教育实施充分而又各有侧重和针对性的评价。

4.强化各主体协同合作关系

（1）增进各治理主体之间的信任关系

在线教育的协同治理需要政府、高校、公共服务体系、社会评估机构等多元主体通过开放的协同过程的建立而实现。作为教育治理中的主体，高校应具备开放协作的态度，积极开展与外部政府、社会其他主体间的合作。

首先，高校应积极寻求相关政府部门的指导与支持，与地方政府建立"制度型"信任关系，从而从财政支持、资源协调、政策保障等方面获取更多政府支持，提升混合式教学效果。

其次，高校还应与区域内其他高校建立互信关系，跳出自身围墙局限，打造区域内高校联盟关系，可通过资源共享、学分互认等方式降低课程开发成本，集中力量发挥自身办学特长，打造混合式教学精品课程，优化混合式教学课程体系。

另外，与社会相关机构，如第三方教学管理平台可通过信任关系的建立深化合作模式，利用网络教学优势提高教育质量、扩大教育机会、降低教育成本。政府教育行政部门在协同多方合作过程中，应积极发挥其领导作用，对各参与主体提供开放性政策和鼓励性政策，建立相关参与主体之间相互信任、相互依赖的协同共治环境。此外，政府可通过利益均衡机制的建立保障各主体之间的协同合作，让相关主体因利益导向而强化合作关系。

（2）健全透明清晰的利益协同机制

基于"协同"理论，混合式教学效果的优化关键在于确保各参与主体的协同合作。"人"是高校混合式教学的重要因素，混合式教学保障体系中必须对教学活动中的人进行管理，充分调动其积极性，健全相应机制确保教学系统的高效。

当下在线教育治理的其中一个困境主要在于政策模糊，在多元主体协同共治的情况下，更需要政府或相关行政管理部门出台清晰、透明的协同政策，便于各参与主体清晰自身职责，并知晓如何寻求自身的利益导向，清晰透明的协同政策的建立对保障各参与主体的长期稳定的合作关系有着积极的意义。政府教育行政部门或学校可通过以下四种机制充分调动相关人员的积极性，促使各主体之间建立相互依存、相互影响、相互促进的协同合作关系，促进教学效果提升。

第一，竞争机制。通过建立竞争机制，可调动教师、教学管理者、学生参与提升混合式教学质量的积极性，发挥其主观能动性主动参与教学质量提升工程。政府或学校可通过组织教师教学技能大赛、学生竞赛等多种方式达到竞争的目的。通过竞争机制的建立，也可以让相关教学平台改进自身服务水平，提升混合式教学服务意识，降低教学资源使用成本，促进混合式教学质量改革。

第二，激励机制。激励机制是指高校通过相应的奖励制度调动师生的主动性，促进其完成自我管理和提升的制度。激励可以是物质激励，也可以是精神激励，恰当运用激励机制，可以使师生将混合式教学质量提升与自身发展相结合，提高积极性，增强其投身混合式教学的内在动力。

第三，创新机制。创新是混合式教学过程中最需要的力量。混合式教学创新机制不仅包括教师的教学内容、教学方法、教学手段的创新，还包括学

第七章　高校混合式教学质量评价体系的建构

生学习方法、学习环境、管理者的管理思想和管理行为的创新。创新机制做到全员性参与是保障创新机制的重要条件。

第四，约束机制。约束机制是保证高校混合式教学工作有序开展的重要条件。学校各部门要根据混合式教学自身的质量目标及师生特性制定约束准则，管理人员对自身以及教师、学生、教学平台做好行为约束，教师对学生的约束，自我的约束要齐头并进，从而保证混合式教学工作有序开展。

参与者对协调过程的投入取决于各参与主体的成本和收益之间的权衡。政府在规范各协作主体之间的管理时，通过以上四种机制强调利益导向刺激相关主体的过程投入，政府部门及高校需着重考虑教师、学生、社会其他机构等参与在线教育协同治理过程中的利益获取，实现协作的规范化管理，保障教学质量的提升。

（五）把握混合式教学有效性评价的常用工具

混合式教学质量评价往往借助于评价工具来收集资料。以下是混合式教学模式评价常用的一些工具。

1.结构化观察表格

结构化观察是人们通过感觉器官或借助一定的仪器，有目的地对自然状态下的现象进行考察的一种方法。这种方法主要用来收集学生的学习行为反应信息。表7-3是用于观察学生在课堂中出现不集中注意行为的表格。

表7-3　学生出现不集中注意行为的观察记录表

不集中注意行为的次数	0～5	5～10	10～15	15～20	20～25	25～30	30～35	35～40
S_1								
S_2								

续表

不集中注意行为的次数	0～5	5～10	10～15	15～20	20～25	25～30	30～35	35～40
S_3								
S_4								
……								
S_m								

（资料来源：柯清超，2016）

2.态度量表

态度量表是针对某件事物而设计的问卷。被试者对问卷所作的反应，反映了被试者对某事物的态度倾向。态度量表主要用来收集学生的学习态度反应信息。表7-4是为了了解学生对课堂教学的态度所设计的量表，针对的问题是"您对该节课感不感兴趣？"。

表7-4　态度量表设计实例

很感兴趣	感兴趣	不感兴趣	很不感兴趣

（资料来源：柯清超，2016）

3.形成性练习

形成性练习是以各种形式考核学生对本学习单元的基本知识的掌握程度。如表7-5是一个形成性练习设计实例。

第七章 高校混合式教学质量评价体系的建构

表7-5 形成性练习设计实例

知识点	学习水平	题目内容
什么是限制性定语从句？	理解	判断（正确就打√，错误就打×）

（资料来源：柯清超，2016）

4.同伴互评量规

同伴互评是开展合作活动常用的过程性评价，其实施可以借助类似表7-6的互评量规进行。

表7-6 小组活动互评表

评价内容		较满意	满意	很满意
我觉得我们组	1. 自觉完成了教师布置的任务。			
	2. 与伙伴们相处融洽。			
	3. 我们组学到了一些知识。			
其他同学认为我们组	1. 能自觉完成教师布置的任务。			
	2. 大部分时间里提出的意见对小组有帮助。			
	3. 对我们组的总体表现是喜欢的。			
老师夸我们组	1. 乐于完成学习任务。			
	2. 在活动中积极表现自己的想法。			
	3. 喜欢与其他组沟通交流。			
我们组得到了 ___颗星				

（资料来源：柯清超，2016）

（六）掌握混合式教学有效性评价的一般方法

当前的高校混合式教学主要以终结性评价为主，而为了保证与当前社会发展相适应，还需要实行形成性评价，这样才能使教学的属性完整地体现出来。

1.学习档案评价法

学习档案评价法是当前应用较为广泛的评价方法。所谓学习档案评价法，是指对学生个体的各种信息进行收集。一般来说，其收集的内容具有多样性与动态性。

学习档案积累的材料代表的不仅仅是结果，而是学习过程与学习活动，其包含选择学习内容、比较学习过程、进行目标设置等。[①]学习档案评价可以有效提高学生的自主学习能力。[②]

在档案建立之前，教师可以组织家长与学生阅读学习大纲，理解档案构建的必要性，并对如何构建、使用进行指导，为以后有效地使用档案袋做准备。一般来说，构建的流程如图7-4所示。

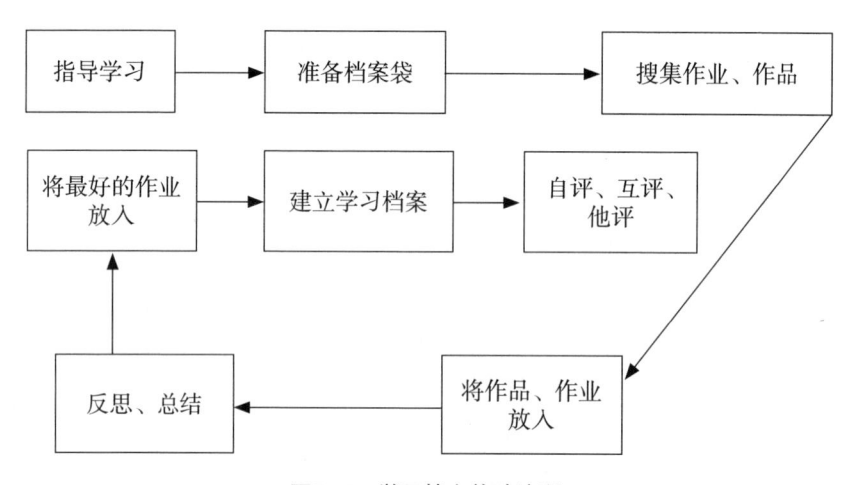

图7-4 学习档案构建流程

（资料来源：任美琴，2012）

2.自我评价表

自我评价表（self-evaluation questionnaire）的设计可以采用量规（rubric）

---

① 罗少茜. 英语课堂教学形成性评估研究[M]. 北京：外语教学与研究出版社，2003：38.
② 刘梦雪. 通过自我评估训练促进自主式英语学习的实证研究[J]. 疯狂英语（教师版），2009，（4）：54-57.

第七章　高校混合式教学质量评价体系的建构

方式，也可以采用问卷调查表的形式。

（1）量规

量规是一种结构化的定量评价标准，往往是从与评价目标相关的多个方面详细规定评级指标，具有操作性好、准确性高的特点。

在评价学生的学习时，运用量规可以有效降低评价的主观随意性，可以教师评，也可以让学生自评或同伴互评。如果事先公布量规，还可以对学生学习起到导向作用。此外，让学生学习自己制定量规也是很重要的一个评价方法。

（2）问卷调查

问卷调查是通过提问题，让学生通过自己的实际情况进行判断，并做出回答。问卷调查表可以帮助学生通过回答预先设计好的问题来产生某种感悟，从而促使他们对自己的学习过程和学习结果进行重新审视和修改，提高他们的自主学习能力。

3.行为表现评价法

所谓行为表现评价法，即教师通过对学生在某项活动中的表现，对他们的行为进行的评价。从学生的行为来评价，有助于教师发现学生的优缺点，从而制订出符合学生的学习计划。混合式教学质量评价对行为表现评价法非常看重，并将其作为评价的一个重要手段。

一般来说，行为表现评价法具有如下特点：要求学生对学习成效加以展示，对演示过程的细节提前进行展示，对演示的过程进行直接的观察，根据标准对行为展开评价。

由于评价需要根据一定的标准，因此在制订行为表现评价法的标准时，需要考虑：从学生的实际情况出发来制订，标准不高不低；目标要细化、具体，便于学生明确；标准具有诊断性的特征，便于学生明确自身的优缺点；标准要具有连续性的特征。

制订了评价标准之后，学生的学习行为便有了方向。接着教师就需要进行评价，具体可以采用如下几种方法：

（1）观察

在行为表现评价法中，观察法是主要的手段，教师根据教学目标，对学生的课堂表现进行观察，从而做出判断，并做出有深度的、细致的分析。有时候，会运用录音、录像等手段，便于之后的分析与判断。一般来说，教师进行观察时需要注意如下几点：

其一，观察学生是否向目标迈进。

其二，观察学生是否获得预期发展。

其三，发现学生学习中的问题，制订计划进行辅助。

其四，观察学生是否体会到学习的乐趣。

其五，观察学生是否重复运用一些学习技巧。

其六，观察标准是否与学生实际相符。

观察的方式有很多，其中日常记录是非常重要的手段，即对学生的学习情况进行记录。

（2）量表

评价量表是对观察进行记录的工具，其使用往往以表格形式呈现，对教学的某一层面加以描述，或对某一特定行为进行描述，量表的运用有助于教师了解学生的优缺点。

4.信息技术评价法

信息技术评价法的评价过程可以划分为制订评价标准、应用评价标准进行测量、划分测量结果等级、给出评价结论四个步骤，如图7-5所示。

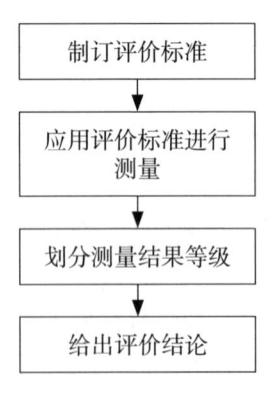

图7-5 评价过程

（资料来源：赵波、段崇江、张杰，2014）

第七章 高校混合式教学质量评价体系的建构

（1）制订评价标准

制订评价标准的过程就是把评价目标的主要属性细化为一系列具体、可测量的指标的过程。划分好的指标构成一个相对完整的评价指标体系，它能反映评价目标的主要特性。经过划分后可以得到多媒体作品质量评价的一个指标体系，如图7-6所示。

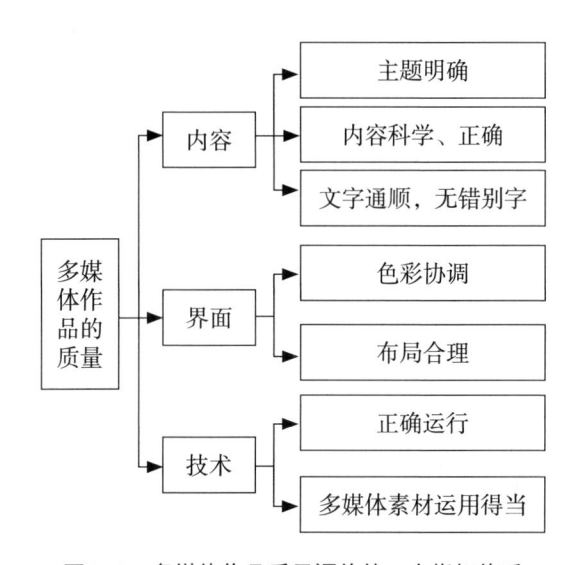

图7-6 多媒体作品质量评价的一个指标体系

（资料来源：赵波、段崇江、张杰，2014）

每一个指标对于反映评价目标来说，它们的重要性程度是不一样的，重要性程度用权重来表示。教师可以给多媒体作品质量指标体系赋予分值，如图7-7所示。

（2）进行测量

测量是依据评价指标体系，用数值来描述评价对象的属性的过程。测量是一个事实判断的过程，即测量是反映评价对象的客观状态，不对这种状况进行主观评判。凡是测量都需要有测量的标准或法则，这是测量的工具。教学中的测量工具不像测量身高用的皮尺、测量体重用的秤一样直观，需要评价者按照评价标准中的每一个指标对评价对象做出实事求是的判断。依据图7-7，可以制作出测量多媒体作品质量评价表，如表7-7所示。

```
多媒体              ┌─ 主题明确（10分）
作品的   ─┬─ 内容  ─┼─ 内容科学、正确（20分）
质量     │  (40分) └─ 文字通顺，无错别字（10分）
(100分)  │
         ├─ 界面  ─┬─ 色彩协调（15分）
         │  (30分) └─ 布局合理（15分）
         │
         └─ 技术  ─┬─ 正确运行（20分）
            (30分) └─ 多媒体素材运用得当（10分）
```

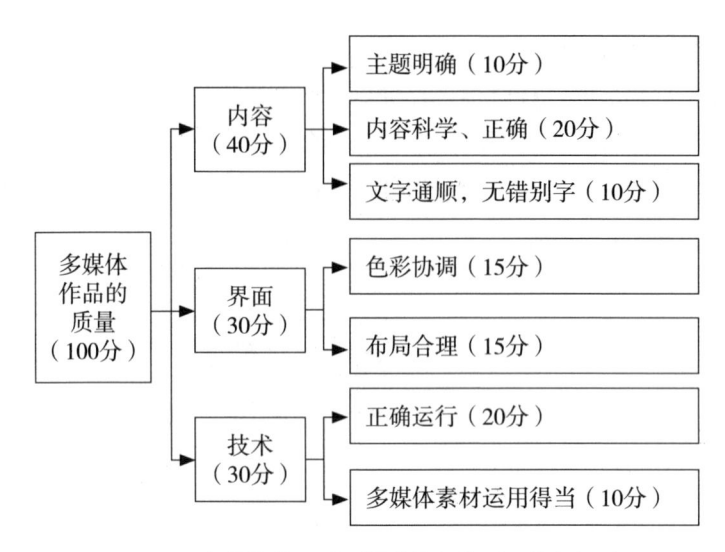

图7-7　多媒体作品质量评价指标体系及指标权重

（资料来源：赵波、段崇江、张杰，2014）

表7-7　多媒体作品质量测量表

评价目标	一级指标	二级指标	得分
多媒体作品质量（100分）	内容（40分）	主题明确（10分）	
		内容科学、正确（20分）	
		文字通顺、无错别字（10分）	
	界面（30分）	色彩协调（15分）	
		布局合理（15分）	
	技术（30分）	正确运行（20分）	
		多媒体素材运用得当（10分）	
总分			

（资料来源：赵波、段崇江、张杰，2014）

第七章　高校混合式教学质量评价体系的建构

（3）划分等级

教师需要对评价对象实施测量以后的测量结果进行界定，界定这个结果达到了什么程度。

（4）给出结论

评价的最后一步是根据测量结果对评价对象进行价值判断，给出评价结论。评价结论包含了被评价内容能否通过评价的判定，有时候也会对评价对象达到什么水平进行界定，并且对评价对象的优势与不足做出判断。根据以上的过程来看信息技术混合式教学质量评价，可以发现教学中通常采用的纸笔考试并不是评价的全部。考试是评价中的测量环节，考试成绩（即测量的结果）并不是评价要得到的唯一和最终结果，如何使用学生的考试成绩分数是每一位教师都应该关注的问题。

参考文献

[1] 〔加〕D. 兰迪·加里森（D. Randy Garrison），〔加〕诺曼·D. 沃恩（Norman D. Vaughan）. 高校教学中的混合式学习框架、原则和指导[M]. 上海：复旦大学出版社，2019.

[2] 〔加〕诺曼,D. 沃恩，〔加〕玛莎·克利夫兰-英尼斯，〔加〕D. 兰迪·加里森. 混合学习环境中的教学：探究性学习社区的创建与维持[M]. 胡正伟译. 北京：国家开放大学出版社，2019.

[3] 〔美〕乔纳森·伯格曼，〔美〕亚伦·萨姆斯. 翻转课堂与混合式教学互联网+时代，教育变革的最佳解决方案[M]. 韩成财，译. 北京：中国青年出版社，2018.

[4] 〔美〕Jonathan Bergmann. 翻转课堂与深度学习：人工智能时代，以学生为中心的智慧教学[M]. 杨洋，译. 北京：中国青年出版社，2018.

[5] 〔美〕布鲁姆等. 教育评价[M]. 邱渊，等，译. 上海：华东师范大学出版社，1987.

[6] 陈坚林. 计算机网络与外语课程的整合——项基于大学英语教学改革的研究[M]. 上海：上海外语教育出版社，2010.

[7] 段忠玉，林静，吴德. 翻转课堂模式中的英语案例教学研究[M]. 北京：中国书籍出版社，2016.

[8] 何鸣皋，谢志昆. 混合式教学设计基于MOOC（慕课）的SPOC教学改革实践[M]. 昆明：云南大学出版社，2018.

[9] 黄荣怀. 信息技术与教育[M]. 北京：北京师范大学出版社，2002.

[10] 黄荣怀. 移动学习——理论·现状·趋势[M].北京：科学出版社，2008.

[11] 林瑞钦. 师范生任教职志理论与实证研究[M]. 高雄：复文图书出版社，1990.

[12] 孟丽华，武书敬. 网络环境下大学英语教师专业素质发展研究[M]. 北京：外语教学与研究出版社，2015.

[13] 庞维国. 自主学习——学与教的原理和策略[M]. 上海：华东师范大学出版社，2003.

[14] 彭南生. 混合式教学[M]. 武汉：华中师范大学出版社，2017.

[15] 瞿葆奎. 教育学文集·教学评价[M]. 北京：人民教育出版社，1989.

[16] 冉新义. 混合式学习的理论与应用研究[M]. 厦门：厦门大学出版社，2018.

[17] 申继亮，辛涛. 教师素质论纲[M]. 北京：华艺出版社，1999.

[18] 孙慧敏，李晓文. 翻转课堂，我们在路上[M]. 杭州：浙江大学出版社，2018.

[19] 王琦. 信息技术环境下的外语教学研究[M]. 北京：中国社会科学出版社，2006.

[20] 王素荣. 教育信息化：理论与方法[M]. 北京：社会科学文献出版社，2006.

[21] 王坦. 合作学习的理念与实施[M]. 北京：中国人事出版社，2002.

[22] 王奕标. 透视翻转课堂：互联网时代的智慧教育[M]. 广州：广东教育出版社，2016.

[23] 魏会延. 教师学习共同体：促进教师专业发展的新途径[M]. 武汉：武汉大学出版社，2014.

[24] 吴希红. 自主与引导——基于自主学习的课堂教学引导策略研究[M]. 上海：华东师范大学出版社，2004

[25] 谢职安. 高校英语教师专业发展研究[M]. 北京：知识产权出版社，2014.

[26] 徐文峰. 教师专业发展实践导论[M]. 北京：人民日报出版社，2014.

[27] 许智坚. 多媒体外语教学理论与方法[M]. 厦门：厦门大学出版社，2010.

[28] 许智坚. 计算机辅助英语教学[M]. 厦门：厦门大学出版社，2015.

[29] 严明. 大学英语自主学习培养教程[M]. 哈尔滨：黑龙江大学出版社，2007.

[30] 严明. 高校自主学习能力培养模式研究：体验的视角[M]. 哈尔滨：黑龙江大学出版社，2009.

[31] 于洪涛，高颖. 基于"一平三端"的高校混合式教学实践探索[M]. 长春：吉林大学出版社，2019.

[32] 张大均. 教育心理学（第二版）[M]. 北京：人民教学出版社，2004.

[33] 张福涛，等. 翻转课堂理论研究与实践探索[M]. 济南：山东友谊出版社，2014.

[34] 张豪锋. 教育信息化与教师专业发展[M]. 北京：科学出版社，2008.

[35] 张红玲，等. 网络外语教学理论与设计[M]. 上海：上海外语教育出版社，2010.

[36] 张娇媛. 高校英语混合式教学与信息技术应用[M]. 天津：天津科学技术出版社，2019.

[37] 张明柱. 基于网络教学平台的混合式教学改革与实践研究[M]. 保定：河北大学出版社，2018.

[38] 章兼中. 英语课程与教学论[M]. 福州：福建教育出版社，2016.

[39] 郑茗元，汪莹. 网络环境与大学英语课程的整合化教学模式概论[M]. 北京：中国水利水电出版社，2015.

[40] 钟启泉. 课堂转型[M]. 上海：华东师范大学出版社，2017.

[41] 朱旭东. 教师专业发展理论研究[M]. 北京：北京师范大学出版社，2011.

[42] 刘哲雨. 深度学习的探索之路[M]. 天津：南开大学出版社，2018.

[43] 刘新英. 中学数学微课程设计与应用研究[D]. 上海：上海师范大学，2013.

[44] 陈晓菲. 翻转课堂教学模式的研究[D]. 武汉：华中师范大学，2014.

[45] 苟巧丽. 多媒体教学环境下大学英语教师角色的研究[D]. 重庆：四川外国语大学，2012.

[46] 李志文. 网络教学资源建设与应用[D]. 济南：山东师范大学，2003.

[47] 刘三灵. 网络时代高校英语教师素质研究[D]. 长沙：湖南农业大

学，2008.

[48] 毛婷婷. 基于网络资源平台的翻转课堂在初中英语语法教学中的应用研究[D]. 江苏：苏州大学，2017.

[49] 闵婕. 思维导图在高中英语阅读教学中的应用研究[D]. 聊城：聊城大学，2017.

[50] 牟必聪. 翻转课堂理念下高中英语词汇教学的设计与实践[D]. 上海：华东师范大学，2018.

[51] 商利民. 教师专业学习共同体研究[D]. 广州：华南师范大学，2005.

[52] 孙先洪. 信息技术与大学英语课程整合中的教师计算机自我效能研究——基于聊城大学大学英语教学改革的实践[D]. 上海：上海外国语大学，2013.

[53] 王雷. 体验式学习在初中英语教学中的应用研究[D]. 长春：东北师范大学，2007.

[54] 陈春苗，张倩，赵晨倩. ADDIE模型在跨文化交际通识课程教学设计中的运用[J]. 高教学刊，2021（22）.

[55] 云海，许英姿，董焕俊. 基于ADDIE模式的"理论力学"课程教学设计[J]. 教育教学论坛，2021（7）.

[56] 敖冰峰，杨扬. 关于多媒体网络教学的研究[J]. 应用能源技术，2006（9）.

[57] 曾荣光. 教学专业与教师专业化：一个社会学的阐释[J]. 香港中文大学教育学报，1984（1）.

[58] 陈连丰，赵觅. 解读建构主义学习理论四要素——"情境"、"协作"、"会话"和"意义建构"[J]. 科技创新导报，2012（24）.

[59] 陈琳，许林. 新时代教育信息化2.0发展策略研究[J]. 中国电化教育，2021（1）.

[60] 陈巧芬. 认知负荷理论及其发展[J]. 现代教育技术，2007（9）.

[61] 陈甦甦. 疫情危机下高校线上教学现状问题及解决策略研究[J]. 公关世界，2020（12）.

[62] 陈小君. 对边际效用递减规律的认识及应用[J]. 经贸实践，2017（14）.

[63] 郭淑英，赵琼. 大学英语自主学习学生自我评估调查研究[J]. 黄石理工学院学报，2008（1）.

[64] 何江彦，左宪章，霍晓燕. 疫情防控期间在线教学实践分析与思考[J]. 中国现代教育装备，2020（11）.

[65] 何克抗. 教学设计理论与方法研究评论[J]. 电化教育研究，1998（2）.

[66] 胡铁生，黄明燕，李民. 我国微课发展的三个阶段及其启示[J]. 远程教育杂志，2013（4）.

[67] 黄友初. 教师专业素养，内涵，构成要素提升路径. 教育科学，2019，35（3）.

[68] 焦建利. 微课及其应用与影响[J]. 中小学信息技术，2014（4）.

[69] 黎加厚. 微课的含义与发展[J]. 中小学信息技术，2013（4）.

[70] 李松林，李文林. 教学活动理论的系统考察与方法论反思[J]. 外国中小学教育，2008（1）.

[71] 李焱焱，等. 产学研合作模式分类及其选择思路[J]. 科技进步与对策，2004（10）.

[72] 江悦呈. 慕课课程的批判性思维气质培养[D]. 深圳大学，2020.

[73] 梁为. 基于虚拟环境的体验式网络学习空间设计与实现[J]. 中国电化教育，2014（3）.

[74] 林崇德，申继亮，辛涛. 教师素质的构成及其培养途径[J]. 中国教育学刊，1996（6）.

[75] 刘巧梅，李星，吕安琳（2022）. 混合式教学下高校教师专业素养的独特性探究[J]. 教育与学习，2022，4（4）.

[76] 刘晓. 混合式教学模式下教师能力提升探究[J]. 国网技术学院学报，2020，23（5）.

[77] 楼荷英. 自我评估同辈评估与培养自主学习能力之间的关系[J]. 外语教学，2005（4）.

[78] 牟占生，董博杰. 基于慕课的混合式学习模式探究——以Coursera平台为例[J]. 现代教育技术，2014（5）.

[79] 庞国维. 论体验式学习[J]. 全球教育展望，2011（6）.

[80] 钱旭升，靳玉乐. 教师个体专业发展与教师群体专业发展[J]. 教育科学，2007（8）.

[81] 任友群. 走进新时代的中国教育信息化——《教育信息化2.0行动计划》解读之一[J]. 电化教育研究，2018，39（6）.

[82] 沈宏兴，郝大魁，江婧婧. "停课不停学"时期在线教学实践与疫后在线教学改革的思考——以上海交通大学为例[J]. 现代教育技术，2020，30（5）.

[83] 沈欣忆，吴健伟，张艳霞，李营，马昱春. 慕课APP学习者在线学习行为和学习效果评价模型研究[J]. 中国远程教育，2019（7）.

[84] 宋惠兰. 论教育信息化与高校教师的信息素质培养[J]. 图书馆论坛，2003（1）.

[85] 宋雅，章飞. 教师专业素养结构的重构[J]. 江苏第二师范学院学报，2020，36（2）.

[86] 朱立明，马振，冯用军. 我国教师专业素养测评指标体系的构建[J]. 教育科学研究，2019（12）.

[87] 苏小兵，管珏琪，钱冬明，祝智庭. 微课概念辨析及其教学应用研究[J]. 中国电化教育，2014（7）.

[88] 滕星. 教学评价若干理论问题探究[J]. 民族教育研究，1991（2）.

[89] 涂频. 新形势下融创式智慧教学模式应对公共危机实践研究[J]. 中国教育信息化·高教职教，2020（6）.

[90] 万力勇，黄志芳，黄焕. 大数据驱动的精准教学：操作框架与实施路径[J]. 现代教育技术，2019，29（1）.

[91] 汪晓东，张晨婧仔. "翻转课堂"在大学教学中的应用研究——以教育技术学专业英语课程为例[J]. 现代教育技术，2013（8）.

[92] 王露璐. 高校教师师德问题研究综述[J]. 道德与文明，2006（1）.

[93] 王章豹，祝义才. 产学合作：模式、走势、问题与对策[J]. 科技进步与对策，2000（9）.

[94] 沃建中. 教师素质对学生心理的影响[J]. 广西右江民族师专学报，2001（9）.

[95] 肖亮荣，俞真. 论计算机网络技术给大学英语教学带来的机遇和挑

战[J]. 外语研究, 2002 (5).

[96] 谢大滔. 体验式教学在大学英语自主学习中的应用[J]. 教育探索, 2012 (9).

[97] 许力生, 孙淑女. 跨文化能力递进——交互培养模式构建[J]. 浙江大学学报（人文社会科学版）, 2013, 43 (4).

[98] 杨薇. 高职高专线上线下混合教学模式改革研究[J]. 黑龙江科学, 2020, 11 (11).

[99] 杨忠, 张绍杰, 谢江巍. 大学英语教师的科研现状与问题分析[J]. 外语教学, 2001 (6).

[100] 叶澜. 新世纪教师素养研究[J]. 教育研究与实验, 1998 (1).

[101] 于洪涛. 基于雨课堂的高校智慧教学五步法探究——以"网络教育应用"课程为例[J]. 现代教育技术, 2018, 28 (09).

[102] 余胜泉, 陈敏. 基于学习元平台的微课设计[J]. 开放教育研究, 2014, 20 (1).

[103] 张竞成, 黄爱爱, 黄然, 等. 数字信号处理线上线下混合教学模式设计及研究[J]. 科技视界, 2020 (16).

[104] 张瑞, 赵洁, 郭宏, 等. 基于腾讯课堂的在线教学设计与实践[J]. 科技创业月刊, 2020, 33 (5).

[105] 张晓君, 李雅琴, 王浩宇, 丁雪梅. 认知负荷理论视角下的微课程多媒体课件设计[J]. 现代教育技术, 2014 (2).

[106] 赵岩. 高校体育教学中学生身体素质提升与科学锻炼策略[J]. 食品研究与开发, 2021, 42 (23).

[107] 朱城城. 布鲁姆的掌握学习理论之我见[J]. 现代职业教育, 2017 (1).

[108] Branch, R. M. Instructional Design: The ADDIE Approach[M]. Springer Science Business Media, LLC, 2010.

[109] Shea, P., & Bidjerano, T. Learning Presence: Towards a Theory of Self-efficacy, Self-regulation, and the Development of a Communities of Inquiry in Online and Blended Learning Environments[J]. Computers & Education, 2010, 55 (4).

[110] Vaughan, N. D., Cleveland-Innes, M., & Garrison, D. R. Teaching in Blended Learning Environments: Creating and Sustaining Communities of Inquiry[M]. AU Press, 2013.

[111] Bloom, B. S. Learning for mastery[J]. Evaluation Comment, 1968（1）.

[112] Dale Edgar. Audio-Visual Methods in Teaching[M]. New York: The Dryden Press, 1954.

[113] J. Reich. Rebooting MOOC research[J]. Science, 2015, 347（6217）.

[114] Shea, P., & Bidjerano, T. Learning presence: Towards a theory of self-efficacy, self-regulation, and the development of a communities of inquiry in online and blended learning environments[J]. Computers & Education, 2010, 55（4）.

[115] Sheng Li, Tian Xia, Chuan Zheng Tang, Xing Huang, Min Zhou. Study on Bridge Structural Safety Monitoring Network Platform Based on Fiber Optic Sensing and Internet of Things[J]. Applied Mechanics and Material, 2014（602）.

[116] Slavin, R. E. Cooperative learning[J]. Review of Educational Research, 1980（50）.

[117] Tigelaar, D. E., Dolmans, D. H., Wolfhagen, I. H. & Van der Vleuten, C. P. The development and validation of a framework for teaching competencies in higher education[J]. Higher Education, 2004, 48（2）.

[118] Vaughan, N. D., Cleveland-Innes, M., & Garrison, D. R. Teaching in Blended Learning Environments Creating and Sustaining Communities of Inquiry[M]. Athabasca: AU Press, Athabasca University, 2013.

[119] hawal Shah. Coursera's 2020: Year in Review[DB/OL]. https://www.classcentral.com/eport/coursera-2020-year-review/2020-12-7.

[120] 国家互联网信息办公室. 国家互联网信息办公室发布《数字中国发展报告（2020年）》[EB/OL]. http://www.cac.gov.cn/ 2021-04/29/c_1621275347055808.htm

[121] 国务院. 中共中央国务院关于全面深化新时代教师队伍建设改革的意见［EB/OL］. http://www.gov.cn/zhengce/2018-01/31/ content_5262659.htm

[122] 教育部. 教育部关于印发《教育信息化 2.0 行动计划》的通知［EB/OL］. http：//www.jyb.cn/zcg/xwy/wzxw/201804/t20180425_1054161.html

[123] 教育部. 中共中央、国务院印发《中国教育现代化 2035》［EB/OL］. http：//www.moe.gov.cn/jyb_xwfb/s6052/moe_838/201902/t20190223_370857.html

[124] 十部门关于印发《5G 应用"扬帆"行动计划（2021-2023 年）》的通知［EB/OL］. http：//www.gov.cn/zhengce/zhengceku/2021-07/13/content_5624610.htm.htm

[125] 新时代加快推进教育现代化建设教育强国的宏伟蓝图——教育部负责人就《中国教育现代化 2035》和《加快推进教育现代化实施方案（2018—2022 年）》答记者问［EB/OL］. http：//www.gov.cn/zhengce/ 2019-02/23/content_5367993.htm

[126] 中共中央办公厅、国务院办公厅《关于全面加强和改进新时代学校体育工作的意见》[EB/OL]. http：//www.gov.cn/zhengce/2020-10/15/content_5551609.htm.